XIEGEI GAOSAN JIAZHANG DE
KAOQIAN XINLI ZHIDAO

写给高三家长的考前心理指导

穆岩 著

SPM 南方传媒
广东科技出版社
全国优秀出版社
·广州·

图书在版编目（CIP）数据

写给高三家长的考前心理指导/穆岩著．—广州：广东科技出版社，2023.1
ISBN 978－7－5359－7990－2

Ⅰ．①写… Ⅱ．①穆… Ⅲ．①高考－心理调节 Ⅳ．① G632.474

中国版本图书馆 CIP 数据核字（2022）第 202869 号

写给高三家长的考前心理指导
XIEGEI GAOSAN JIAZHANG DE KAOQIAN XINLI ZHIDAO

出 版 人：	严奉强
策划编辑：	招海萍
责任编辑：	招海萍　果　欢
责任校对：	陈　静
责任印制：	彭海波
出版发行：	广东科技出版社
	（广州市环市东路水荫路 11 号　邮政编码：510075）
销售热线：	020-37607413
http:	//www.gdstp.com.cn
E-mail：	gdkjbw@nfcb.com.cn
经　　销：	广东新华发行集团股份有限公司
印　　刷：	广州市东盛彩印有限公司
	（广州市增城区新塘镇太平洋工业区太平洋十路 2 号　邮政编码：511340）
规　　格：	787 mm×1 092 mm　1/16　印张 10　字数 180 千
版　　次：	2023 年 1 月第 1 版
	2023 年 1 月第 1 次印刷
定　　价：	48.00 元

如发现因印装质量问题影响阅读，请与广东科技出版社印制室联系调换（电话：020-37607272）。

前　　言

高考是人生的重大挑战，给很多考生和家长带来了巨大的心理压力。科学有效地应对压力，调整好心理状态，本身就是备考的必要组成部分。如果心理状态不佳，考生可能会在复习时心不在焉、缺乏动力，也可能会在考试时紧张慌乱、分心走神，还有可能在得知考分后自暴自弃、怨天尤人。

考生的心理状态会非常明显地受到家长的影响。家长影响考生的家庭生活环境、家庭沟通氛围以及家庭关系质量，这些都会直接影响考生的身体、情绪和思维状态。如果家长能够多了解考生的常见困扰，并且掌握一些科学的引导方法，那么就可以改善家庭生活作息，提高家庭关系质量，为考生提供有力的后勤支撑，成为稳定考生考前心态的坚强基石，达到"加油而不加压"的效果。

笔者撰写这部指导手册的目的就是为高三家长提供一套系统的操作指南。一方面，本书汇总了高三毕业班全过程中常见的考生困扰，对其逐一分析梳理，帮助高三家长了解考生在复习备考过程中可能会经历的心态波动。另一方面，本书针对典型问题，为读者提供必要的知识，理解问题的成因，同时为家长总结简洁、直接的评估工具与指导工具，帮助家长知道在什么时候需要为孩子提供帮助，以及在帮助的时候可以说什么、做什么。

这部指导手册包含的问题及指导工具，都直接来源于笔者多年从事高三考前心态调节指导的真实案例与经验提炼。笔者自北京大学求学期间就开始

写给高三家长的考前心理指导

从事青少年发展领域的心理学研究，关注青少年在学习过程中的思维与情绪变化，比如考试焦虑、厌学抑郁等主题。自2018年开始，笔者受广州市教育系统的委托，为高三学生开展考前心态调节指导，累计在数十所中学开展讲座、座谈。通过与老师和学生的直接交流互动，笔者了解到考生遭遇的困扰其实具有相当强的共性和规律，于是总结出了毕业年级考前心态发展阶段，囊括了毕业年级每个时段最为突出的典型困扰。同时笔者在大量一对一答疑指导的过程中，积累了数千例个案，根据考生反馈、筛选提炼出针对性的评估与指导工具，适用于毕业年级紧张的生活节奏与高压的心理状态。

在笔者多年从事高三毕业生考前指导的过程中，凡是坐下来聊一聊就泪流不止的学生，大部分都是因为与家长的矛盾而忍不住哭泣。考生在意的不仅仅是成绩的起起伏伏，更在意的是成绩起伏之后别人对自己的评价。在所有别人的评价当中，家长作为父母至亲，当然是考生最为看重的。而且家长作为亲人，说的话和做的事也是考生逃不掉也避不开的，即使因为家长而不开心，也只能一直窝在心里，成为甩不掉的情感负担。因此，家长读者阅读本手册，一个重要的价值就是了解高三考生可能会体验到的各种困扰，从而做到将心比心，和考生共情，提高沟通交流的效率，改善家庭关系质量。

此外，本手册对于家长朋友改善自身的心理健康状态也会有所帮助。在高三备考过程中，很多时候家长会经历比考生更加严重的焦虑情绪。因为家长知道自己不能替代考生复习或走进考场答题，因此很容易产生巨大的无力感。同时家长也普遍缺乏直接在学科知识方面给考生提供指导的能力，更会感觉自己帮不上忙。但是家长本来就不应该混淆自己的角色，家长不是学生，也不是老师，而是考生的亲人。家长朋友阅读本手册后就会知道，亲人会影响考生"为什么目标而学，以什么心情而学，凭什么身体条件而学"。身体

前 言

状态、情绪心境与目标思维，这三者就是考生在考前心态调节的三个关键维度，是积极健康的精气神的实质内容。

良好的考前心理状态具体表现为积极的健康的精气神，有三方面特征：精力充沛、心气顺畅、心神专注。三方面的精气神共同决定了考生复习积累的知识和技巧到底有百分之多少能够发挥出来。身体方面是否能达到精力充沛，与生活作息、睡眠、饮食、运动等习惯有关；情绪方面是否能实现心气顺畅，与自我放松、自我激励等情绪调节方法有关；思维方面能否保持心神专注，与目标设定、自我管理等意志品质有关。精气神方面的科学指导对于很多考生和家长来说都非常缺乏。

为方便家长读者阅读本手册，笔者将根据毕业年级的时间顺序，依次梳理典型问题，方便高三家长在高三毕业年级一整年的复习备考过程中随时查阅，对照考生的近况，寻找相应的指导答案。每个时间分段都首先讨论必须解决的关键问题。指导答案中会包括一些独立模块，包括知识原理、评估工具和指导工具三种模块。知识原理介绍困扰产生的前因后果，适用于时间充沛且愿意思考的家长与考生。评估工具帮助家长和考生识别自己的困扰程度或分型，以便决定是否需要做心态调节干预。指导工具则是一些具体的可操作性的步骤，告诉家长说什么、做什么，以便帮助考生调节考前心态。在关键问题的指导之后，还会列出对应时间段的常见问题，以"快问快答"的方式为家长提供简明且快速的指导，方便家长及时为考生提供支持。

家长读者使用本手册时，应该考虑自身家庭沟通习惯与家庭关系质量。最理想的情况当然是考生与家长关系融洽，彼此有充分的信任。这时家长可以帮助考生节省他们的宝贵时间，在详读本手册后，与考生沟通，直接为考生提供指导，成为具有专业心理科学支撑的"百事通"和"情感安全基地"。

写给高三家长的考前心理指导

如果家长与考生关系欠佳，那么这时家长的指导或建议恐怕不一定能够被考生听进去，考生甚至可能会出于逆反心理而刻意抵触。这种情况下，家长读者可以采用另一种交流方法，即由父母双方趁着孩子在场的吃饭时间或家庭休息时间，谈论本手册中列出的问题与对应指导，让孩子听到。这种避免直接指导的方法虽然效率低一些，但却可能激发考生自己的追问或思考。而且本手册包含的问答虽然是针对高三年级提炼梳理的，但却会普遍地在人们面对各种困难与压力时出现，也会对已经工作的家长有帮助。

高考比拼的不只是那短短三天的考试，还包括了整个高三年级的备考过程。形象地讲，迎接高考的过程，就好像是为了在一场运动会中胜出而持续一年的训练备战。在日复一日枯燥而辛苦的训练中，有些人缺乏持久的动力，中途放弃了；有些人缺少科学的指导，中途跑偏了；或者甚至过度训练把自己弄伤了，只能早早退出竞赛；还有一些人虽然训练非常努力，一直在坚持，但心理素质上的差距导致他们每次在比赛中都无法百分之百地充分发挥实力。面对这些问题，高三家长如果能够充分利用好本手册的指导内容，就可以在高三备考的一整年中，成为孩子信赖的"教练员"和"陪跑者"。希望更多考生家庭能够因"科学之方法、理性之精神"而受益，更好地为高考做好准备，实现梦想。

目　　录

高三开学前的暑假——懵懂期 ·················· ▶1

◎ 典型案例 1 ·························· ▶2

◎ 关键问题 1　高三毕业年级复习过程中，考生的心态波动会经过什么样的变化？ ·························· ▶4

◎ 关键问题 2　在备战高考的过程中，真正要对抗的"敌人"究竟是什么？ ·························· ▶8

◎ 懵懂期"快问快答" ·························· ▶12

1. 如何做目标设定？ ·························· ▶12
2. 即将进入高三，但是却感觉找不到动力，怎么办？ ·························· ▶13
3. 控制不住手机的使用怎么办？ ·························· ▶14
4. 家庭沟通中经常出现冲突对立，怎么办？ ·························· ▶15
5. 出了错误，除了感慨自己迷糊犯傻，还能怎么办？ ·························· ▶16
6. 选择困难症怎么办？ ·························· ▶18

高三开学后——兴奋期 ·················· ▶21

◎ 典型案例 2 ·························· ▶22

◎ 关键问题 3　如何帮助考生盘点学习状况，分清优势与劣势？ ·························· ▶24

◉ 关键问题 4　如何协助考生预防长期疲劳，保持身心协调健康？
　　..29

◉ 兴奋期"快问快答"..42
　　1. 复习的时间管理怎么安排？.......................................42
　　2. 如何平衡自己想要安排的复习任务和老师布置的作业？
　　　..43
　　3. 语文和英语等需要长期积累的学科一直都是弱势，不知道该怎么复习，怎么办？.....................................44
　　4. 数学等理科还会出现简单的计算出错等低级错误怎么办？...46
　　5. 物理题做不出来，或者错很多，要不要放弃？...........47
　　6. 想要运动一下，但好像总是懒得开始，怎么办？.........48

高三之冬——困境期..49

◉ 典型案例 3..50

◉ 关键问题 5　如何帮助考生接纳错误、直面困难？..........52

◉ 关键问题 6　如何在日常生活中构建自主可控的复习安排？
　　..58

◉ 困境期"快问快答"..68
　　1. 感觉复习得不到进步怎么办？.....................................68
　　2. 分数虽然有进步，但是和其他同学比较，名次一直上不去，怎么回事？..69
　　3. 感觉记忆效率低，记不住，或者感觉记住了不久后又忘记了，怎么办？......................................70

目 录

  4. 想要用功但是却很容易分心，感觉坚持不下去了，
    怎么办？ ··· ▶71
  5. 感觉原来定的目标太高了或者太低了，怎么办？ ··· ▶72
  6. 感觉没有希望了，怎么办？ ···························· ▶74

高三春季学期开学——焦虑期 ▶77

- 典型案例 4 ··· ▶78
- 关键问题 7 想到考试就感到焦虑紧张怎么办？ ········· ▶81
- 关键问题 8 怎样才能将消极负面的思考转化为积极正面的思考？
    ··· ▶89
- 焦虑期"快问快答" ······································· ▶96

  1. 我想到考试就感到焦虑，这是不是心理素质不好呢？
    ··· ▶96
  2. 总是无法放下过去的成功或失败，怎么办？ ····· ▶97
  3. 一直情绪很差，压力很大，感觉都快抑郁了，该
    怎么办？ ··· ▶99
  4. 心里总在回想过去的不好的事情，怎么办？ ··· ▶101
  5. 什么都想要，不想放弃，但是又非常纠结，怎么办？
    ··· ▶103
  6. 没有达到自己设定的目标，感到很失望，怎么办？
    ··· ▶105

高考前倒数 50 天——冲刺期 ▶107

- 典型案例 5 ··· ▶108

写给高三家长的考前心理指导

◎| 关键问题 9　面临大考，家长需要做好哪些实实在在的后勤
　　　　　　　准备？ ··· ❯110

◎| 关键问题 10　如何跟考生谈谈高考结果，打好"心理疫苗"，
　　　　　　　 扫除失败阴霾？ ······································· ❯118

◎| 冲刺期"快问快答" ··· ❯123

　　　　1. 考前冲刺有哪些常见的心理陷阱？ ················ ❯123
　　　　2. 感觉压力很大，但是不想和任何人讲，怎么办？
　　　　　 ··· ❯125
　　　　3. 进了考场就会感觉心跳加速，有什么让自己冷静
　　　　　 下来的方法吗？ ··· ❯126
　　　　4. 心里想法很多，想得很累，怎么办？ ············· ❯127
　　　　5. 在考前感觉很孤独，怎么办？ ······················ ❯128
　　　　6. 感觉很烦躁，怎么办？ ······························· ❯130

高考结束后——升华期 ··· ❯133

◎| 典型案例 6 ·· ❯134

◎| 关键问题 11　如何引导考生思考生涯规划？ ················ ❯136

◎| 关键问题 12　在考生开始独立的大学生活之前，家长应该与其
　　　　　　　 谈哪些重要话题？ ···································· ❯143

高三开学前的暑假——懵懂期

高三开学前短暂的暑假时间,是家长与考生相处机会较多的一个重要时间窗口。在这个即将开启全年复习旅程的时段,家长最需要引导考生重新对自己的学习进行反思,避免不假思索依赖过去的惯性来安排学习。因为如果没有反思,就不会找到在哪里做出改变,而没有改变又凭什么获得进步呢?遗憾的是,如果没有家长的参与,大部分学生都会在懵懵懂懂的状态中度过高考前最后一个暑假。

如果家长希望给考生及时提供引导,那么,在这个起点时间阶段最需要了解的关键问题包括两个:

1. 高三毕业年级复习过程中,考生的心态波动会经过什么样的变化?

2. 在备战高考的过程中,真正要对抗的"敌人"究竟是什么?

这两个问题帮助家长和考生看清心理发展"地图",找准目标,准确定位,避免考生蒙着眼睛在错误的路线上拼命狂奔。

典型案例1

张三同学（化名）在高一、高二时成绩排名一直处于年级前列，在家长和老师心目中是前途光明、让人省心的好学生。然而，在高二结束、高三即将开始的暑假期间，他却和父母之间发生了持续不断的冲突。开始的时候，冲突的引子是关于早上几点起床、中午几点吃饭等日常作息时间安排方面的小事。父母总是期望孩子优化时间安排，更高效地利用好时间。而孩子则认为好不容易放假在家有个放松休息的机会，应该随心所欲一点，别把自己的发条绷得太紧。但是没过几天，因为双方在持续拌嘴的过程中负面情绪不断累积，冲突的焦点就开始转移到做题时能不能听音乐的问题上。在家长看来，做题时听音乐绝对是不专心的表现，想听音乐就干脆停下来好好听，可是开始做题就要排除其他干扰。而在孩子看来，自己都已经主动在做题了，听听歌调节一下心情很正常，边做题边听歌也是自己按照父母的要求在节省时间高效学习的表现，这种小事父母随意干预，实在是管得太宽了，根本就是在找茬吵架。孩子和父母在对彼此的抱怨中，意外地遭遇了冲突的爆发时刻。

那是一个周五晚上，父母本意想要缓和调节一下全家的心情，就提出要外出吃饭。孩子本来也挺开心，就专门上网看点评，选了一家口碑不错的餐厅想要去尝尝鲜。但由于餐厅位于繁华的市中心，结果开车过去的路上就一直堵车，到了餐厅又要排号等座，好不容易坐上桌，偏巧那家餐厅上菜也不快。几件事赶在一块，5点多开车出门，等到吃上菜的时候，已经快9点了。这时全家的心情就已经不太好了，言语中对于选择这家餐厅就开始有一些抱怨，家长怪孩子选的餐厅不靠谱，孩子怪家长选的日子不合适。一顿晚饭花了不少钱，却吃了顿堵心。偏偏吃完饭回家的路上，因为在市中心的缘故，竟然在10点半的晚上还会堵车。一家人闷在车里，心情很差。孩子从出门开始，在车上和餐厅一直在用手机，这时候没电了就要用车里的充电线。父母对他一直用手机心里有气，就不给他拿。于是孩子就从后座探身到前面翻找。可是这个动作让开车的父亲一分神,咣,和前面的车追尾了。因两辆车都在堵车车流中龟速前进,碰撞不严重,也没人受伤,可是这件事让父母和孩子双方的情绪阀门都彻底打开了,直接开始大吵。父母责怪孩子一晚上玩手机,做什么都不专心,还干扰别人,这次是造成交通事故,以后还不知道会惹出什么祸端。孩子责怪父母出尔反尔、自相矛盾、双标虚伪,明明是父母选的日子、父母找茬不给充电线,父母在前座开车,却什么责任都要往自己身上推。一家人从车上吵到车下,把对方司机都看懵了。孩子这边情绪激动,直接说我不坐你们的车了,自己转身直接走了,黑夜冷风,走了2小时回家。父母这边更加生气,越发觉得孩子不负责任,也就没管他,联系保险处理事故之后,就直接回家生着闷气睡觉了。孩子手机没电,又冷又累,走回家之后发现没有钥匙,也是堵着气在楼梯门旁边坐了一夜。

这次大冲突在孩子的回忆中,就成为了父母不在意自己、不关爱自己的铁证,一直刺在心里,在后续高三一年中,时不时就会旧事重提,这成为家庭冲突的引子。当家长关心孩子成绩的时候,孩子会觉得你们只看重成绩不关心我的辛苦。当家长关心孩子大学选择的时候,孩子会觉得你们只看重学校的名声不关心我的喜好。这些无谓的冲突持续地在高三各个阶段给复习乃至生涯决策带来干扰。

其实,从咨询师的角度来看,这就是一个典型的误解加深、情绪升温、冲突激化的过程。我们在日常生活和学习的过程当中,比较关注直观的行动,但是却很容易忽略隐藏在内心中的底层想法、信念。其实信念对我们的影响是最为根本的,远比我们做什么更重要。

高三即将开始的夏天,是父母和子女之间最容易出现信念差异的时段。比如案例中父母对时间的高度在意,其实背后驱动的信念就是高三马上就要开始,时间很宝贵,无论过去成绩如何,在高三都需要更加努力拼搏,甚至因为过去成绩好,所以会期待去冲击更好的大学或专业。但是从孩子的视角来看,基本的想法就是高三马上就要开始,要抓住自由时光的尾巴给自己保留一点愉快的记忆。双方谁都没有错,错就错在沟通的时候只关注表象,急于对彼此进行评价,忽略了对彼此基本想法的清晰表达与交流,甚至简单武断地形成了错误的信念。父母从越来越多的蛛丝马迹中判断孩子自满懈怠,躺在过去成绩的"功劳簿"上,不思进取。而孩子则越来越觉得父母不信任自己,不在意自己的感受,把自己当做"撒气桶",肤浅地看重成绩、名声、金钱等外在而不是真心关爱自己。这些彼此对立的信念会愈发增加

双方的沟通障碍,破坏家庭的和谐关系。

从这个案例中反思,希望各位家长认真阅读本部分的两个关键问题,了解高三学习的心理状态发展"地图",增强同理心,避免误判,防止在家庭中无谓地冲突内耗、干扰孩子后续的学习和生活。

关键问题1

高三毕业年级复习过程中,考生的心态波动会经过什么样的过程变化?

高三考生面对的学业困扰与心理波动是存在一定规律和共性的。虽然每个人的经历和想法各有不同,但是高考的要求以及高三的复习进度是具有高度共性的。基于超过5万名高三学生的问卷调研以及超过2 500例个案咨询,我们可以将高三考生会经历的心态波动绘制成一个按时间分界的过程:

懵懂期	兴奋期	困境期	焦虑期	冲刺期	升华期
暑假	9—11月	12—2月初	2—4月初	4月—高考	考后暑假

第一个时期称为懵懂期,时间在高三开学前的暑假,考生心理上大多尚未进入高三复习所需要的投入状态,对自己的状态缺乏了解。

第二个时期称为兴奋期,对应时间为高三开学前三个月,一般在9月至11月。这段时间考生的普遍状态是主动或被动地为了高考加大投入,对自己的未来抱有期待,会觉得自己可能就是那匹黑马。

第三个时期称为困境期,对应时间为高三寒假前后,一般在12月到2月,可谓是高三的寒冬。这段时间考生很容易陷入兴奋之后的倦怠,在心理上对重复而枯燥的复习生活产生厌烦,在身体上也容易感到明显的疲劳,在学业上看不到付出后的直观进展，或者在某些学科遭遇复习的瓶颈。

第四个时期称为焦虑期，对应时间在高三春季学期开学，通常在春节后开始，贯穿整个3月，至4月初第二次模拟考后告一段落。这段时间考生会密集完成一系列的大型标准化模拟考，开始直观感受到高考的环境和气氛，在心理上容易因为成绩的波动而患得患失，对考试产生比较强的焦虑感，同时也是其他负面情绪滋生的高发期，比如沉浸于对过去的后悔之中，或者想入非非，靠着对爱情的幻想来给自己创造一个逃避的空间。

第五个时期称为冲刺期，对应时间在高考前最后一到两个月，通常在4月中旬至高考。这段时间，一部分考生能够排除杂念，聚精会神做最后的专注冲刺，另一部分考生还沉浸在上一个焦虑期，任由情绪主宰自己的心智；还有一部分考生对于自己的成绩状态或满意或绝望，放弃付出努力，进入被动"滑行"状态。

第六个时期称为升华期，对应时间在高考结束后至大学开学前。一部分学生会充分利用选择大学与专业的机会，和家人一起为自己做好生涯规划，摆脱应试的负累，开始真正享受学习，也开始为更加丰富的生活做准备。而另一部分学生则会在常年被迫学习之后，把学习看作"敌人"，趁着高考结束，彻底放飞自我，沉浸于享受、娱乐之中。从一定意义上讲，一个人如何安排高考后的暑假，对于这个人未来生活的预测力要远大于高考成绩本身。

 知识原理

以上六个时期相互衔接，彼此之间存在着内在的转化关系。懵懂期的存在是因为大部分学生从未认真思考过学习目的何在，只是被表面的成绩、排名所吸引或压迫，很少能够得到深谋远虑的引导。由于没有清晰地自主选择目标，所以大部分学生在高三开学后，受到环境氛围感召，进入兴奋期，自动地完成学校安排的大量复习任务与练习试题，开始加大时间投入，一部分学生开始放弃运动甚至牺牲睡眠。

但是对于大部分学生来说，这种兴奋期不可能长时间延续下去。复习中积累的身体疲劳是客观存在的，在三个月左右的时间会达到很多人无法坚持的极限，于是自然进入到倦怠期，开始渴望给自己放松，或者减少在学习上的时间投入。同时在心理上，考生也会自然经历从兴奋期转入倦怠期的过程，因为每天的复习生活安排高度重复，对枯燥感的忍耐也通常会在到达一个高峰后转变为不耐烦或怀疑，导致

考生出现抗拒心理或自我放纵。很多考生绷不住劲就是在寒假前后。即使对于那些一直坚持投入、非常自律的学生，也仍然会在秋季学期的前半段到后半段经历一些心态上的变化。在兴奋期，复习刚刚开始，很多时候学科中的漏洞尚未暴露，考生可以带着虚幻的自信憧憬未来。可是随着学科复习的深化，各种综合性、灵活性考题的增加，考生必然会发现一些以前没有注意到的问题和不足，或者发现一些无法轻松解决的困难。当多个科目每个都带来更多挑战时，就会自然而然地汇聚成为一个突出的困境期。很多高三老师也会把困境期称为高原期或瓶颈期，就是指随着复习深入、知识关联增加之后，考生会经历的一个困境突出的阶段。

面对困境，我们本能地就会产生各种负面情绪，如指向未来的焦虑、害怕；指向过去的懊悔、自责；指向别人的嫉妒、愤恨等。这些情绪平时就存在，但是更容易在考生经历了大考之后随着成绩波动起伏而集中爆发。不论各省、各校如何安排模拟考，寒假结束后为了评估考生状况，通常都会有一次重要的摸底，同时还会有考生普遍重视的第一次大型的正式模拟考试。很多考生是从这些模拟考开始就出现考试焦虑，等到高考可能已经麻木认命了。只有那些成功调节好自己的负面情绪、排除了杂念的学生才有可能进入到聚精会神的冲刺期，更多考生会一直停留在焦虑期直到高考结束。

 评估小工具

过程中六个时期的边界会根据考生的特点，学校的安排有波动变化，除了高三前的暑假以及高考后的暑假有清晰的边界以外，家长可以使用以下的评估小工具，判断考生当前状态处于兴奋期、困境期、焦虑期还是冲刺期。

不同时期情绪评估表

	兴奋期	困境期	焦虑期	冲刺期
突出情绪	热情、活跃	沮丧、烦躁	焦虑、害怕	冷静、期盼
行为表现	加大投入	偶有懈怠	机械重复	思考未来
思维特点	不清楚自己不知道什么	清楚自己不知道什么	不清楚自己知道什么	清楚自己知道什么

指导小工具

在懵懂期，考生面对即将到来的高三生活，可能会过于放大困难，也可能会过于轻视挑战。家长在了解高三考生会经历的一般心态变化规律之后，可以采取以下五个行动帮助考生做好准备：

1. 结合家长自己曾经面对的大考或者工作中的挑战，思考自己经历的备战过程，将自己的经历与心得与考生讨论，帮助考生为即将到来的风风雨雨做好准备。

2. 与考生的班主任老师交流，了解考生当前学习状态，讨论考生以往面对期末考试等挑战时的心理特点与行为反应模式，减少家长对考生在校表现的盲区。

3. 结合考生自己过去的中考或其他挑战，回顾过去的备考经历，总结并讨论，梳理考生的个人特点，准备个性化的备考过程地图。

4. 寻找刚刚结束高考的考生，多多交流，不要只找学霸询问经验，如果学霸的经验适用于每个人，那么每个人早就都是学霸了。普通人还是要多找普通学生了解真实经历过的困扰，并将这些波折补充到自己的备考过程地图中。

5. 家长与考生共同梳理一下整理过的备考过程地图，面对可能要经历的波折，集思广益讨论有什么可以帮助自己降低困难冲击的助力和资源，商议并约定家庭会议的时间，在每个时期的前后，争取都预先安排好家庭沟通的机会，给考生提供释放情绪、寻求帮助的机会。

6. 家长可以引导考生做一场"心灵时间旅行"。人类的基本思维特征之一就是会把未来的收益在头脑中加以压缩、贬值，因此我们容易被当前的快乐诱惑，对那些未来很重要的事情却百般拖延。为了减少拖延的时间，尽快开始行动，我们可以尝试在头脑中进行尽量生动的想象，把自己带到未来的时间。把我们想要做的事情，觉得重要的事情，在头脑中尽可能生动地想象这件事在未来的结果。想象未来的一天中，具体的每个小时你在做什么，这样可以帮助我们肯定自己追求的价值，构筑我们内心的积极心理资产，促使我们减少拖延，尽快行动。

关键问题 2

在备战高考的过程中,真正要对抗的"敌人"究竟是什么?

高考是人生的重大挑战,理应受到考生和家长的重视。否认高考的重要性与价值,恐怕是在自欺欺人,像一只把头埋在沙堆里的鸵鸟。但是对高考的重视有时却会蒙蔽我们的双眼,让我们看不清真正需要对抗的"敌人"在哪里,盲目地为分数、排名而焦虑,或者冲动地怨恨周围的同学。其实真正妨碍我们取得理想高考结果的"敌人"永远都不在外部,而是在我们头脑与身体内部。

备考行动不仅仅包括考生在毕业年级每天听课、复习、写作业和模拟考,还包括要在心理上持续对抗三个"敌人":心智疲劳、心境灰暗、心神"失焦"。对抗这三个"敌人",家长是可以参与其中,直接给考生提供帮助的。

心智疲劳与身体有关,但不同于身体疲劳。身体疲劳会带来心智疲劳,而毕业年级高强度的脑力活动更是会直接造成心智疲劳。"脑子转不动""脑子不想动",这种心智疲劳的感受在医学上被形象地称为"脑雾"状态,就好像大脑里起了雾,让一切都变得模模糊糊,不真切、不清晰了。这种感受与身体运动后感到肌肉酸痛乏力完全不一样。身体疲劳比较明显,相对容易通过饮食和睡眠得到快速恢复。但心智疲劳更隐蔽,等我们意识到的时候可能已经过度疲劳了,错过了可以快速恢复的时机,结果给备考带来持久的拖累。家长在毕业年级会通过家庭环境、生活习惯等细节,影响考生的心智疲劳程度。

心境灰暗与情绪有关,负面情绪会带来心境灰暗。但情绪是短期的,本来就会上下起伏,在积极与消极的两端来回摇摆。而心境是长期的情绪状态。一次考试失利,谁都会感到不开心,这很正常。但是如果缺少情绪调节的科学方法,不能从短

时的负面情绪中及时调整出来，就会让自己长时间沉浸在负面情绪漩涡之中，相当于把自己心境的底色变成负性的灰暗色调。心境灰暗会让我们更频繁出现极端的负性情绪，更多关注负面的想法，对自己形成更加消极的评价和认知。对自我形成的负面认知又会进一步导致考生自己给自己设定限制，比如"我一直都是学渣，再怎么努力也还是学渣""我从来都没有学数学需要的脑子，做再多的题也没有用啦"。这些心理包袱又会进一步激发负面情绪，延续心境灰暗的状态，形成恶性循环。家长在毕业年级如何与孩子沟通，如何安排家庭生活的放松等细节，都会影响考生的心境灰暗程度。

心神失焦与思维有关，具体表现包括注意力无法保持专注、思考过程没有明确目标、决策效率低下等。"心神失焦"会直接在考试中造成丢分，常见情况包括审题错误、抄写错误、计算错误等。同时"心神失焦"也会干扰考生的复习状态，造成常常走神做白日梦、复习缺乏重点、时间分配不均、复习动力不持久等现象。整个思维过程是由一系列大大小小的目标有序组合，引领我们做出具体行动的。大到人生的长远目标，小到眼睛应该优先看哪里。这些目标如果不清晰、不合理、没有主次、没有关联，都与"心神失焦"的状态有关。而且"心神失焦"本身与心智疲劳、心境灰暗都有关联。家长在毕业年级想要预防孩子出现严重"心神失焦"，需要关注孩子思考并解决问题的具体过程，而不是只看分数结果。同时，家长营造的家庭环境会影响考生的身体基础状态，家长参与的家庭亲子沟通会影响考生的情绪状态，进而影响考生在复习中的思维效率。

 评估小工具

心智疲劳线索评估表

以往感兴趣的活动不愿意参与或参与其中但热情不高
出现记忆力下降，丢三落四
对话中常常心不在焉，眼神望向远方
家务劳动即使给奖励也不愿接受
一夜睡眠之后，早上没有神清气爽，而是仍然困倦乏力、精神欠佳

续上表

对于生活所必需的活动，如行走、手提物品等抵触且选择逃避
无诱因的头痛、肩膀痛、后背痛
对于快节奏、大音量的音乐以及颜色鲜明、图案复杂的视频有回避态度

心境灰暗线索评估表

长时间无法忘记已经过去的不开心事件，反复提及
回避对自己进行评价或者直接对自己做出负面评价
在回忆以往喜欢的美餐、演出或旅行时，完全无法回想起任何一件事
在遭遇挫折之后，主动、多次地对自己进行惩罚
与他人的交流沟通大幅度减少，封闭自我

"心神失焦"线索评估表

在愿意学习的时候仍然感觉无法保持专注
在游戏或运动等休闲娱乐活动中无法保持专注
存在大量会做的题丢分等现象
在被询问当前复习的重点时，完全没有任何规划或近期目标
在被询问哪个学科优势最突出或劣势最明显的时候，无法清晰回答

指导小工具

塑造积极心理，做好应对心智疲劳、心境灰暗与"心神失焦"的准备

第一部分：描述自我	第一问：用5个形容词来描述自己 第二问：列出能代表自己的5个社会角色或身份 第三问：列出5个技能 第四问：列出5段对自己最重要的人生经历

续上表

第二部分： 理解自我内核	第五问：想象一下你整个人整个房间突然被外星人瞬间传送到了别的世界，外星人只让你选择5个东西传送回地球给你的亲人留念，你选哪些 第六问：在你的各种性格特点中，你认为最清晰的是哪3个 第七问：你能想到3个面对别人评价或者社会压力的事件吗？在这些事件中，你坚持自己在上一问中的性格特点，没有因为别人或社会而改变自己
第三部分： 塑造自尊	第八问：和同龄人相比，请列举3个你的独特之处 第九问：回忆一次你吃过的体验最棒的一餐 第十问：回忆一个你去过的印象最深刻的地方 第十一问：回忆并列出3件你喜欢做的事情或活动 第十二问：你能回忆起自己曾经给别人提供帮助的事情吗？列出三个例子 第十三问：在这个周末，你能安排去做一件事吗？在第9到第12问中选择任何一件事，重复去做，列出具体计划
第四部分： 着眼未来	第十四问：你现在的生活、工作与学习能够给你带来什么提高 第十五问：你最近新学到的最有趣的一件事是什么 第十六问：列出1项你最近新承担的责任或具体任务 第十七问：列出3项你希望尝试的有趣的事情，在下一周选择1项做出实施计划 第十八问：列出3个你希望在未来5年内到访的地点 第十九问：想象当你真的到达了上一问的那3个地点，在每个地点你都要做一件以前没做过的事情，你会怎么选择这3件全新的尝试 第二十问：这3件全新的尝试会给你带来什么收获或者成长

懵懂期"快问快答"

1. 如何做目标设定？

目标是我们头脑中思维过程的一个必要成分。在心理学现有的人类基本思维过程的框架模型中，我们从外界看到信息，听到信息，这些信息进入我们头脑之后，就会成为静态的知识、动态的目标以及指导我们采取行动的操作指令。目标在我们每分每秒的思维微观层面，以及在我们人生的宏观层面，都是非常重要的。

每一个对未来有期待的人，天然在头脑中就会有自己想要追求的长期目标，也许是很笼统的——要挣钱，也许是很具体的——要去拉萨旅游。有没有目标，这是一个人心理层面的动机问题。而在有了目标之后如何真的脚踏实地追求目标的实现，这在心理层面就是一个思维与控制技巧的问题了，是完全可以通过有意识地训练来获得提升的。

不论多么简单或者多么困难的目标，我们总是需要在追求目标的实现过程中把目标拆解成一个个子目标去落实。我们对目标进行拆解，本身是为了把目标变小。越小的目标就越具体，而越是具体的目标，实现起来路径就越清晰。要做到这一点可以尝试一个技巧叫作"图层式想象"。

首先给自己一个进行"头脑风暴"的幻想时间，在头脑中把自己较为宏大的目标想象出来，变成一段头脑中的影片或者画面，用视觉思考，而不是语言陈述来帮助自己把目标变得更加具体。我们一开始想象的画面也许是清晰的，也许是模糊的，都没关系。图层式想象法会帮助我们在画面中进行拆分。具体做法就是：第一步，我们将画面的环境进行补充或者细化，这是在背景图层的想象，可以天马行空、无拘无束。比如我的大目标就是很笼统的——赚钱，那么现在，在我想象的未来画面中，我可能是在一个山清水秀的别墅，或者在一个金碧辉煌的大厅。环境的补充和

细化是在引导我们的大脑进入一个较为放松的、没有所谓正确答案的开放想象过程;第二步,我们要在想象的画面中找到自己,这是在人物图层中找到重点。很多人在追求目标的过程中看似目标清晰,但反而久而久之会迷失自我,就是在这一步出了问题、陷入误区。比如目标是赚钱,但是想象的未来生活中有各种奢侈品,有各种山珍海味,有别人如何羡慕自己,有别人如何敬仰自己,但是整个画面中唯独没有了自我作为一个人的形象。如果想象的画面总是期盼着环境改变,幻想着别人会怎样,那么我们很容易陷入空想,甚至是把赚钱的目标异化为生活的全部,丧失了作为人的主体性,自身沦陷,为了赚钱而赚钱,成为目标的奴隶。所以在图层式想象中,我们把环境背景和人物拆分成两个图层,分别进行想象,也是引导自己的头脑慎重地、时刻保持对自我的定位和对自我的关注;第三步,是在背景图层和人物图层之外,做动作图层的想象。问问自己,我自己的这样一个人的形象,在这样一个环境背景之中,我正在做的动作是什么?我正在进行的活动是什么?也就是说,让想象中自己的个人形象行动起来。这样的图层式想象,就会帮助我们把目标拆解为环境变化、个人形象变化以及个人行动变化三个子目标,让我们的目标变得更加具体。

2. 即将进入高三,但是却感觉找不到动力,怎么办?

动力在心理学上被称为动机,是指我们为了某个目标而采取行动的意愿。一个人的行动会有很多不同来源的动机在共同起作用,比如我有学生因为父母承诺帮忙买房,因此遵从父母的要求去考公务员,也有人因为担心被别人嘲笑太胖,而选择去运动。这一类都属于外部动机。与之相对应的是源自我们自身需要的内部动机。按照美国心理学家马斯洛著名的层次动机理论,我们会因为食物、安全等层次的需求而产生动机,也会为了归属、爱和实现自我价值而产生动机。更高层次的内在动机通常会给我们带来更强的动力。

如果以往过多依赖于外部动机,忽略了培养自身的内部动机,就更有可能会在缺乏外部奖励的时候陷入空虚感。很多考生如果把自己的目标设定在一些用金钱定价的物质享受上,就很有可能在进入高三时感到缺乏动力,因为高三近乎封闭的生活导致他们无法享受到那些物质的激励。这时,可以通过三个问题帮助考生把金钱定价的目标和自己的归属、爱以及价值联系起来。

一、想象一下，如果真的获得了想要的东西，那时候我的身边会有谁跟我一起分享？

二、那时，我希望自己给这些身边的人传递什么内心感受？

三、那时，我希望自己心里获得什么感受？

这些回归内心感受的问题，会帮助我们重新定位自己看重的价值。

在此基础上，可以把眼光放到未来，用未来的视角来帮助自己形成高三整体的目标规划与安排。以下是可以参考的具体步骤：

第一步，先确定去向，可以考虑大学、专业、城市等；

第二步，把大学的选项做立体化拓展，准备好高、中、低档的选项；

第三步，根据这个目标框架，确定总分需求，细化各科目标；

第四步，结合个人以往各科基础，根据短期内提分效率来制订复习计划与时间分配方案；

第五步，在方案执行过程中不断地解决学科具体问题，每天落实一点收获。

构建了这样整体的复习目标规划与安排之后，我们才能自我激励获得动力。

3. 控制不住手机的使用怎么办？

首先，请了解一下大脑的工作与休息规律，知道为什么要控制手机的使用。在学习时，我们要处理视听觉信息，而且要高度专注。而玩手机的时候看似在休息，但仍然需要我们处理视听觉信息，而且也要高度专注。所以玩手机本身不是休息，而是另一种工作、学习，只不过它比看书做题更有吸引力。这种吸引力就体现在不论是游戏还是视频，都能提供及时的情绪刺激和反馈。

控制自己减少手机使用的方法可以先试试以下两点：

①既然已经有玩手机的习惯，不要一下子告诉自己今天完全不玩手机。这种过于完美的计划，自己潜意识里就会拒绝执行。要给自己做好计划，今天玩多长时间手机，跟自己订一个协议。然后一定要用计时工具让自己得到提醒。最怕的就是拿起手机跟自己说，随便看一下，结果没有终点的另一种学习就替代了自己本来该做的工作。

②给自己做一天计划时，安排一些不需要手机但也不是做题的事，比如运动和

艺术（唱歌、弹琴、跳舞、听音乐），也要规定好时间。实在没有喜欢的运动或艺术类活动，可以闭目深呼吸。这种类似于冥想的活动，哪怕只有几分钟，也有助于恢复自控力。

所谓的不用手机，我们得回答，不用手机时我怎么休闲？怎么放松？怎么娱乐？其实就是我们用什么来替代手机的问题。另外，手机还有社交功能，这个又能够找什么来替代？有了合理的替代，才有可能自然而然地放下手机。

4. 家庭沟通中经常出现冲突对立，怎么办？

很多冲突的源头，其实是沟通中彼此交换的信息含混不清导致的彼此误解。大部分时候，我们头脑中的想法都是混沌的，没有那么多逻辑。这对我们自己行事和生活影响不大。可是，一旦涉及人与人之间的交流，问题就爆发了。自己能懂的内心感受，说出来就可能变了味道。两个人彼此都可能是好心，但是交流一番下来却误解丛生，越谈越生气。家人之间其实大部分时候都不存在根本的冲突。这时预防与化解冲突的关键，就在于让语言交流更加清晰有逻辑。可以在家庭中彼此尝试用更加结构化的语言标签，把每个人的想法梳理一下，就好像在阅读一篇议论文一样，准备一个标签库，在读完每一段之后用这些功能标签做一个归纳，理清文章结构：概念定义、概念背景、概念组合与拆分、概念对比、观点（价值判断）、观点（事实）、观点（原因）、举例、证据、前提、假设、条件、结论。这些标签都是审辩思维的关键基础，既能够帮助我们理解别人，也能够帮助我们表达自己的观点，支撑自己的观点。

除了组织好语言以外，减少和预防冲突的沟通技巧之一是营造更加舒适的沟通环境。具体技巧是：

①选择对话的时间、场地，在一个专门的时间，选择一个空间相对封闭，但既不属于孩子也不属于父母常用的地方，算是一个公共空间。

②放慢语速、降低音调。句子用短句，预先想好开头的三句话，说明整个对话的前提：一家人在当前这个最后阶段里没有根本冲突，都想高考有好的发挥。这是在构建沟通的共识基础，避免对抗情绪的干扰。

③陈述希望孩子改变的理由，以"我感到"开始你的陈述而不是"你做

了……"，把感受和高考状态联系起来。让人们选择改变方向的是理性，但推动人们改变的往往是情感共鸣。

④最后提出具体的建议，即你希望孩子做什么。这里要预先自己考虑清楚，不要纠结于以前，说未来，而且不要期待一步到位彻底转变，要为孩子设计好你能接受的小步改变，比如把对孩子的批评意见集中到一个时间段，而你和孩子共同在批评之前、之后做一些运动，为接受这种负面情绪做好准备。

5. 出了错误，除了感慨自己迷糊犯傻，还能怎么办？

生活中的差错和失误几乎无可避免，而这些小偏差很容易成为破坏我们心情的诱因，除了感叹怎么这么傻之外好像就没有什么其他行动了。这时合理的做法是，既不随意原谅自己，也不上纲上线、自我谴责，而是找到理解和预防的理性之道。

第一类，知识层面的犯傻，与智力高低无关，只与我们如何使用智力有关。只要我们不问证据，不辨真伪，随意把别人说的东西当作知识，那么我们就是在放弃自己的理性，蜕化为一个在犯傻的人。在信息爆炸的现代社会中，不论智力多么高，学历多么耀眼，我们总会选择性地较真，于是每个人都可能会碰到这第一类知识犯傻。这种时候，心理疏解的关键在于价值判断，不必纠结于犯傻的行为本身，直奔根源，考虑一下犯傻的这件事对自己究竟有多重要。比如据传爱因斯坦曾说，"世上只有两样东西没有极限，其一是宇宙，另一个就是人类的愚蠢"。道理不假，但这句话却属于典型的假名言。爱因斯坦根本没说过这句话。追溯出处，这句话出自一位心理学家的著作，他在讨论人类的饥饿与攻击性时写道，"两件事是无限的，宇宙和人类的愚蠢，不过爱因斯坦证明了连宇宙都是有限的"。不知怎么流传，后来这句话就被安到了爱因斯坦的头上。对于这种搞错名言出处的差错，爱因斯坦说的也好，鲁迅说的也罢，如果不是自己在意的事情，那就一笑了之，欣然享受自己犯傻带来的滑稽就好。

但是第二类犯傻，就需要我们更仔细地在意自己的行为，这类犯傻与知识无关，而是自己的大脑突然之间开小差了。比如一个受过教育的成年人，算账的时候把5+6算成了15，这就绝对不是知识层面出了问题。我们通常会把这种犯傻解释为"粗心

大意""分神",也有人会说自己"脑残"了。这种犯傻的实质是发生在注意力的使用层面,我们没有聚焦在需要注意的关键问题上,可能是在一心二用,也可能是去做白日梦、浮想联翩了。这一类的错误其实在交通事故、安全生产等场景中非常多见。俗话说,出事的很多都是熟练的老师傅。他绝不是知识不够,反而恰恰是因为非常熟悉,在操作时走神了,导致了事故或损失。针对第二类注意层面的犯傻,我们不能轻易忽略,而是要仔细回溯自己犯傻的过程,认真排查导致分心走神的诱因,采取措施防患于未然。通常我们可以按照以下这些因素来自我排查:第一个因素就是睡眠够不够。如果前一晚睡眠小于6小时,那么第二天我们的注意力肯定会受到负面影响。而如果长期睡眠不足7个小时,大多数人都会出现休息不足、恢复不好的问题。第二个因素是睡眠节律。如果你有夜猫子型的熬夜习惯,那有可能即使你晚睡晚起,睡够8小时,也仍然会在白天出现精力不济、注意力涣散的问题。第三个因素是疲劳感。疲劳来自体力上肌肉的消耗,还有心力上思维的消耗。长时间重复做任何事情,都会增加我们分心走神的频率,这时候就要根据情况,每隔20～30分钟就给自己安排一次短暂的休息,以避免过度疲劳导致粗心犯傻。第四个因素是营养。缺水、缺糖、缺维生素等内部环境不均衡都会对我们的神经系统产生影响。最后第五个因素就是我们自己的思维习惯。如果前面的问题都排查了,那我们就要一步一步地把自己的思考与操作列出来,逐步细分排查了。

最后还有一类犯傻,是在社交层面的,也可以说是最为严重、最需要避免的。1976年美国加州大学伯克利分校经济史学教授,卡洛·奇波拉发表了一篇简短的文章,题目叫作《人类愚蠢的5条基本定律》。其中最重要的"黄金定律"是愚蠢的定义,卡洛·奇波拉按照我们自己和别人交往时,彼此有收益还是有损失,区分了四种情况。自己和别人都有损失,这就是愚蠢;能创造双赢的是智慧;别人赢自己输的是无助;别人输自己赢的是恶霸。在这个定义之下,法则之二就是一个人是否愚蠢并不取决于任何其他特征,就是说与性别、国籍、教育水平、财富收入等都没有关系。而法则之三,很遗憾,我们总是会低估有多少愚蠢之人,因为我们总是会不由自主地被其他那些表面特征所迷惑。法则之四和五都非常具有警示性,分别是:不愚蠢的人总是会低估愚蠢带来的危害;对整个社会来说,愚蠢才是最危险的力量,比恶霸的影响更坏。从这个社交层面来思考,犯了傻,吃点亏不一定等于愚蠢。多去帮助别人,共同创造价值,才是真正的远离愚蠢之道。认识到这样一个更深的层次，才能帮助我们在发现自己犯傻之后理性思考，眼光长远地找回内心平和与生活的节奏。

6. 选择困难症怎么办？

著名的物理学家薛定谔在晚年写过一本书，用物理的体系来解读生命，书名叫《生命是什么》，他的观点之一就是生命的核心在于做出选择。每个人每时每刻都面临着选择，可是选择却并不容易。

选择困难症的特点在于，哪怕是面对一个特别简单的情况，比如午餐选择一个餐厅，这事没有什么严重的后续结果，但也会难以做出判断，或者会回避做出选择。心理学家布里丹曾经讲过一个寓言故事，一只毛驴饿了要吃草，但是面对两个草堆，竟然对去左边吃还是去右边吃犹豫不决，选来选去就是不能决定，最后竟然活活饿死了。

生活中真实的选择困难症虽然不至于让我们饿死，但其实也会对我们的生活带来比较多负面的影响。如果长期习惯性地犹豫不决，或者总是随便放弃决策，这样的习惯会使得我们更多陷入到一种被动的思维模式当中，无法主动采取行动。失去了主动性，会极大干扰我们适应环境的变化。而且犹豫不决的选择困难症还会降低我们在人际交往中的关系质量，造成更多的疏远、淡漠甚至是冲突。

克服选择困难症，可以循序渐进尝试以下方法：

第一，改变环境，减少选项数量。选择困难症天然会和需要挑选的选项数量有关。现代人面临的选择困难症越来越突出，背景之一就是信息网络时代的选项太多。想要克服选择困难症，不妨首先试试把问题简化为二选一。

第二，不少人哪怕面对二选一也觉得非常困难，有可能是缺乏足够的知识，看不出两个选项的差别。那这时要尝试在头脑中把"选哪个"的问题改变成"为什么要"。比如你如果现在让我选择一个股票来买，那我真的是缺乏足够的知识来做判断。那么要解决这样的问题，就需要加强知识的积累学习，以及目标规划能力的培养。

第三，如果你面对简单的二选一，会像布里丹的毛驴一样，很细致地思考草堆的颜色、形状，但就是张不开嘴去吃，这种情况就需要警惕了。不是选项太多，也不是选项看不清，在都能想明白的情况下还是犹豫不决、左右摇摆的话，那么这样的选择困难症很可能是与底层的情绪干扰有关。一个人如果陷入抑郁情绪，那么经常就会觉得任何选择都没有意义，因为已经失去了生活和前进的动力。更常见的是，一个人会陷入焦虑情绪之中，对每个选项都患得患失，或者让自己陷入吹毛求疵的完美主义陷阱之中，导致面对二选一时整个头脑像是一只被吓呆了的小鹿一样暂时"死机"。这种情况的选择困难症，如果不从根源上做情绪的纾解，缓解抑郁或焦虑情绪的底层原因，那就很难解决。在我接触的很多学生个案中，有些同学面对考试中的选择题，改来改去，其实质不是选择困难，而是对考试结果过度紧张焦虑到了害怕的程度，不管选A还是选B，脑子里面始终想的都是又要考砸了。这样的情况就必须要做心理情绪干预才能解决问题。

环境、思维和情绪三个方面的调节适用于那些广泛且长期的选择障碍。还有两个平时可以做的小练习。

第一个小练习就是要学会与自己对话，避免过分缺乏对自己的认识。有些人说"随便"的时候，真的是大脑一片空白，不知道自己要什么。由于心理学的普及还是有限，很多人对自己的认识局限于姓名、年龄、性别这种填表的层级。不妨多接触一些心理学基础知识，很多心理学量表都可以作为一个自我对话的提纲，可以帮助自己了解自身的性格特点、气质特征、注意偏好等方面。自我对话会让自己更体谅自己，也会让自己的选择更加符合自己的需要。

第二个小练习就是学会构建决策思维框架。面对问题，知道该考虑什么，该怎么选择。头脑中准备的决策思维框架越清晰、越丰富，我们遇到事情的时候也就越有准备。而选择困难症其实对应着一种选择时的不良思维框架，形象点说就是"逛街评价式"决策，试图对每个可能的选项都摸过看过，逛够了再做决定。这种评价式思维框架不仅会增加选择的难度，而且会引导我们关注别人对自己的评价，更容易患得患失，增加焦虑。更有效的思维框架应该是"行动反馈式"决策，说白了就是实事求是，实践出真知，选哪个好不重要，选了一个看看结果。这样的思维框架会更有助于我们克服选择困难症。

高三开学后——兴奋期

高三开学后，考生的日常生活正式进入高三的节奏，在班级、年级和学校的多层动员下，考生通常都会振作精神，加快学习节奏，加大学习时间的投入。一部分考生只是因为老师布置的作业增加了而被动地适应"高三学生"这个标签。另一部分考生则是主动地带着憧憬，希望自己成为一匹黑马，看到立竿见影的提高。

在一腔热血的兴奋期，考生最容易遭遇的头号陷阱就是不了解自己的学习状况，分不清自己的优势和劣势到底在哪里，完全随着分数的起伏或心情的好坏随意地安排自己的学习时间。这样不区分重点的复习安排很容易导致顾此失彼，在新鲜感消失之后就无以为继。

此外，第二个常见误区就是在兴奋期不顾及身体状况，单纯地以加大时间投入作为学习的唯一方法，甚至牺牲睡眠、运动、饮食。这种竭泽而渔的复习安排必然会导致身体健康状态下降，出现疲劳，干扰未来的持续学习。

因此在兴奋期，家长需要了解和关注的两个关键问题是：

1. 如何帮助考生盘点学习状况，分清优势与劣势？
2. 如何协助考生预防长期疲劳，保持身心协调健康？

典型案例 2

张三同学（化名）在学校成绩属于第一梯队，但是长期存在文理偏科的情况，即在数理学科优势明显，能够稳居年级前列，但是在语文和英语两科相对就不是特别突出，成绩波动比较大。用学生自己的话来说就是，语文和英语出题不讲"武德"，不守规矩，属于没有公式的"玄学"。因为这种信念，学生自然在以往的学习过程中，花费更多时间精力在数理学科上，对语文和英语就凭借本能的直觉判断来做题，平时上课也不怎么听讲。好在智力水平不错，平时的阅读量也不小，对基本文法、修辞、语用等知识在小学阶段打的基础也算牢固，因此语文和英语的成绩属于中等偏上，说得过去，学生自己心里一直觉得挺满意的。

但是这种凑合着学习语文、英语的状态，到了高三就无法维持了。在计算总分的时候，不论哪一个学科，每一分都很宝贵。于是在数理学科已经很有优势、无法再提高分数的时候，学生就终于开始重视相对薄弱的语文和英语了，希望能够尽量多提高一点分数。

该怎么提分呢？学生也很认真地去找了语文老师和英语老师请教，请老师帮助自己分析哪里存在薄弱，哪里应该多加练习、巩固以求提高。老师对学生的分析，通常都是基于试卷题型的表现，于是就跟学生讲，语文方面，要加强记叙文类型、特别是小说的阅读练习，英语方面要先把不熟悉的必背单词记牢，要打好基础，多积累词组、句式。

客观地讲，老师们的分析和建议都很正确，但问题是这些解决方法和数理学科讲清楚一个解题套路不一样，是需要投入大量时间日积月累的。而高三偏偏每个人最缺的就是时间，一天的时间对谁都是公平的，只有24小时，谁也别想凭空多出一个小时。

在有限的时间里完成新增加的任务，必然要有所取舍。于是学生就在各个学科的时间分配上做了一些调整，多花一些时间完成语文和英语的基础练习和积累，而在优势的数理学科上就减少了一些投入。遗憾的是，做出这个调整的内心动机完全是功利性地追求分数，学生其实从来都没有真正认同语文和英语学习的重要性。于是，还没坚持多久，就因为没看到立竿见影的分数提升而怀疑老师给的建议是不是有问题，怎么投入了时间还没看到分数提升呢？当学生带着怀疑再次找老师沟通的时候，老师就给他解释，语文的阅读和英语的积累都不是一蹴而就的，是需要一段时间和过程的。这在学生听来就等于自己投入的时间还不够多，于是在急于快速见到分数提升的动力驱使下，学生开始从生活中的吃饭、运动和睡觉等活动来挤时间，想要在白天利用好一切零碎时间，同时晚睡一会儿，宿舍熄灯后躺在床上用应急灯再多学习一会儿。

  追求分数的动机在短期内可以成为非常强大的驱力，学生在那段时间里真的成了拼命三郎，课间也不休息、不活动，抓紧10分钟刷题；中午打饭排队的时候甚至吃饭的时候也一直在背单词；晚上也多熬夜1小时继续刷题。然而，这样的"短期冲刺式"的学法，牺牲了运动，干扰了饮食，破坏了睡眠休息，却仍然无法改变语文和英语需要逐渐积累提高的客观规律。学生坚持了一段时间之后，在分数提升上还是没有看到满意的结果，特别是与自己拼命投入相对比，费效比实在是太高了。而且在生活上那么拼，身体也开始有些吃不消，感受到明显的疲劳和精力不济，在刷题和背单词的时候，也越来越感觉学不进去。一方面，想到每次刷卷子的分数都差不多，心里就怀疑这种投入是否值得，另一方面，在零碎时间和熬夜的时候背单词，很容易分心走神，专注度不是很高。

  面对这种困境，学生再次去找老师求助，而得到的回应除了鼓励和安慰之外，基本上和之前的建议是一样的，就是要他接受语文和英语需要缓慢、逐渐积累的现实。可是学生恰恰就是思想上转不过这个弯来，才陷入困境的，自然开始对老师的话感到失望。学生也很聪明，仍然没有放弃，开始转而自己想办法，开始观察那些语文和英语成绩排名比较靠前的学生是怎么学习的。这相当于在内心动机方面从关注分数向关注排名转变，把注意的焦点从自己怎么做转移到别人怎么做上。他先是发现有一个语文很好的同学平时不刷试卷，而是会在手机上看小说，于是也以此为理由，放弃刷题，改为拿起手机刷小说。同时他观察另一个英语很好的同学，从来不熬夜，都是早上提前起床学习，于是他也向对方学习，而且人家6点起，他比人家起得更早，5点就爬起来背单词。这样以别人为师，把别人的方法"加码"用在自己身上，当然会给自己带来非常努力投入的感觉。然而直接穿别人的衣服恐怕很难合身。不刷题刷小说，这方法很难说到底是在努力投入学习还是在给自己找个借口放松休息。早上5点起床背单词，刻苦程度足够，但是早上又困又冷又饿，背单词的效果很差，根本记不住，而且弄得自己头昏眼花，早上的几节课都缓不过来，效率低下，得不偿失。

等到学生找到咨询师的时候，追求分数和排名的动机已经被消磨殆尽，剩下的全都是对语文和英语学科的绝望、厌烦甚至是恨意。这就是一个在错误动机驱动下，盲目投入努力带来反效果的典型案例。就好像战争的时候，消灭敌人是为了取得某个战果；学习的时候，投入做任何一个任务，都应该清晰地设定好这个任务取得的效果。以效果为导向的学习安排需要学生在思想和动机上重塑学习流程，不能只看到短期的分数变化，也不能只关注排名这种代表着与别人比较的外部结果。如果没有这样的以效果为导向的决策框架，那很可能就会在拼命投入学习之后，得到的只是疲劳、无助和绝望。

建立以效果为导向的决策框架，需要以科学的方式学会盘点并分析自己的学习状况，分清优势和劣势，同时要考虑身体及心理的正常需求，建立可持续的学习作息，避免疲劳的积累。

关键问题 3

如何帮助考生盘点学习状况，分清优势与劣势？

盘点学习状况要区分实力和能力两个部分。实力对应当前的存量，而能力对应获得增量的方式。

评估实力需要考察当前各个学科的知识与技能状况。家长能够给到考生的帮助就是避免考生单纯参照过去各科的得分或排名来判断自己的实力。各学科的分数排名虽然与实力有关，但只是一个不准确的表面信号，有效的实力盘点需要超越分数排名的表象，观察考生在各个学科的实际复习状态。家长在引导孩子的时候，可以从得分与排名这些直观的结果开始了解，但是一定要有后续的问题讨论才可以继续深入挖掘孩子的学习状况，超越分数和排名的表象。

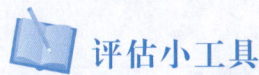

评估小工具

实力优势盘点沟通记录表格

问题	学科1	学科2
最近两次有年级排名的大型考试中的得分？		
最近两次有年级排名的大型考试中的排名？		
以往通常得分的上限和下限大致在什么范围？		
有没有多次出现名次大幅度波动？（0无1有）		
平时能不能完成作业？（0不能1能）		
有没有错题的汇总积累？（0无1有）		
有没有大量感觉会做的题却把分丢掉了？（0无1有）		
有没有虽努力尝试却完全不懂的部分？（0无1有）		
在发现不懂时有没有求助的对象或渠道？（0无1有）		
你觉得自己擅长这个学科吗？（1非常不–5非常擅长）		
你觉得为该学科付出的努力多吗？（1非常少–5非常多）		

家长在使用实力优势盘点沟通记录表格后，将每个学科有数字计分的问题，所有答案的数字加总，分数越高就越说明该学科是值得关注的优势学科。在高考备战过程中，过往成绩好不代表这个学科就是优势，反而可能会随着复习暴露出问题而出现成绩下滑。这时如果固执地纠结，认为自己原来这个学科很好，现在出了问题，

这就会背上心理包袱。其实所谓的优势学科应该是在投入学习时间后能够快速见到提升效果的学科，即使原来考分很低或不及格，只要能够明显提升都算优势，因为这样的学科会成为考生的信心来源，也是高考抢分的重要方向。

 **评估小工具**

实力劣势盘点沟通记录表格

问题	学科1	学科2
有没有讨厌或抵触这个学科？（0无1有）		
有没有记忆低效，背过又很快忘记？（0无1有）		
有没有上这个学科的课特别容易走神？（0无1有）		
有没有不喜欢这个学科的老师？（0无1有）		
有没有在这个学科考试时慌乱紧张？（0无1有）		
有没有在这个学科上很容易出现审题错误？（0无1有）		
有没有在这个学科的考试后根本不想碰试卷？（0无1有）		
有没有在这个学科出现根本不读课本的情况？（0无1有）		
有没有在这个学科遭遇提不出问题的情况？（0无1有）		

这个评估工具仍然是对每个学科计分加总，分数越高越说明这个学科是明显的劣势。备考中的劣势学科核心特征是降低考生投入复习的动力和意愿，是一个心理层面的判定，植根于学生平常如何上课、如何记笔记、如何写作业、如何考试答题的细节习惯之中。

 **指导小工具**

优劣势交替推进的一周复习安排

在识别了实力上的优势和劣势学科之后，针对兴奋期的复习安排，可以在每周的复习安排之中，把优势最突出的学科放在周一，作为一周开头第一天的自主复习重点，选择相对容易查缺补漏的板块，争取在周一获得势如破竹的感觉，增加自己的动力。然后要在周二安排劣势最突出的学科，但不要重复自己过去的学习方法，而是要鼓励考生针对劣势学科的问题，主动向老师或同学请教。重复过去的无效方法是不智之举，优先找到改变的方向最为重要。在周三安排优势第二突出的学科，在周四安排劣势第二突出的学科，以此类推，给每一天都安排一个自己选择的主要复习学科。而第七天则要对六科进行回顾，这样可以避免在兴奋期过于随意地安排各学科的复习，出现偏差。

评估能力需要关注学习中思维过程、策略、习惯等方面，还包括考生的性格特点、动机水平等。能力与分数排名之间的关联更加不确定。每个人都有属于自己的独特学习能力，哪怕是看似懵懂的小婴儿也拥有惊人的知识吸收能力，这是属于人类的种族天赋。但很多考生与家长会把能力与实力混为一谈。应该说，实力积累得多，确实可能会出现强者愈强的现象。但是实力不足绝对不等于没有改变的能力。只要不给自己扣上"学渣"的帽子自甘堕落，谁都可以找到适合自己的增量。

高考虽然学科有六个，但实质上每个学科的学习都依赖最基础的语文和数学两个学科，因为语言的阅读理解和表达、公式规律的提取和应用，这是所有学科共同的必要技能。评估学习能力就是从评估语文与数学的表现入手，但语文考试和数学考试的分数并不是一个可信赖的信号。家长可以和考生使用以下的"学习能力底层基础讨论提纲"来交流，看看有哪些没有在语文和数学考试中出现的重要因素在影响自己的成绩提升。

评估小工具

学习能力底层基础讨论提纲

操作	观察
任意选一篇网络或报纸文章快速阅读	能否在2~3分钟内总结主旨
	能否区分哪些是不重要的部分
	能否提出尚未解答的问题
	能否确定需要进一步搜索额外信息时用什么关键词

续上表

操作	观察
选择一本多章节的教科书	能否根据难度调节阅读速度
	能否在阅读中停下来,通过自我提问来确认自己是否理解
	能否利用不同章节的信息来辅助理解
	能否指出存在阅读困难部分的起点和终点
写下 11×11 = 121 11×12 = 132 11×13 = 143	能否发现一些规律并表达
	能否解释为什么11×12等于12×11
	能否解释为什么11×(10+1) = 11×10 + 11×1
写下 $\frac{2}{5} \div \frac{4}{7}$	能否计算分数除法?
	能否说明为何除以一个分数等于乘上这个分数的倒数?
	能否举例说明这个除法代表什么样的实际数量关系?

这个学习能力底层基础讨论并不需要规定唯一的标准答案,观察要点在于是否能够有话可说,是否愿意尝试思考。这个讨论作为一次评估工具,重要价值在于由家长引领,帮助考生意识到学习所需要的不仅仅是听课做题,更重要的是对自己所学内容的思考。而思考并不等于看着书本或题目干坐着空想,而是要采取一系列促进思考的具体方法,不要让自己的大脑空转或者成为一个被动的解题机器。家长可以使用以下的指导小工具,和考生共同讨论,为每个策略举出例子,然后思考这个策略是否适合融入自己某个学科的学习过程。

指导小工具

提高学习思维深度的策略建议库

仔细思考阅读或解题的目标,制订思考计划
对阅读或解题的过程进行分解,清晰列出序列步骤
时时向自己提出问题,检查自己的思考状态和理解程度

续上表

对阅读和解题中读到看到的信息进行对比检验，独立判断是否接受
在阅读和解题过程中对自己的分心走神保持警惕，及时将自己拉回主线任务中
使用笔记，将阅读和解题的心得或疑惑及时记录
使用自己的语言对需要理解的文本或公式进行转换
知道该如何区分不同任务的重要性，以便在速度与准确度之间进行权衡调节
面对阅读材料、作业或考卷，会关注整体信息，如长度、组织方式等辅助理解
对于不理解的部分，会尝试与理解的部分进行关联比较来辅助理解
在阅读时会主动思考推测后面的文本内容或情节发展
在解题时会主动思考，对题目进行分类，判断其难度或对应知识点
在阅读和解题时会划出关键词，而且会对多个关键词进行重新组合来辅助理解

关键问题4

如何协助考生预防长期疲劳，保持身心协调健康？

高三备考过程很容易让考生筋疲力尽，而起点往往就是在刚刚开学的兴奋期，凭着热血和新鲜，一下子让身心状态失去平衡，形成了错误的生活习惯，导致身体过度疲劳，消耗得不到恢复，给未来的学习生活埋下隐患。

不良生活习惯会导致考生长期处于紧张状态无法放松，自身获得的能量代谢不足，无法补充高强度学习任务的消耗。这种长期疲劳的亚健康状态，与健康的人在运动后体验到的短时疲劳是截然不同的，不容易在当天的饮食和当晚的睡眠之后得到恢复。

 知识原理

长期疲劳的感觉非常复杂，不同的人会选择用不同的词语来描述，常见的包括困倦、虚弱、缺乏活力、耗竭等，同时长期疲劳还常常和身体的不舒适甚至疼痛关联在一起，也会伴随着心理上的低落、沮丧、焦虑等负面情绪。疲劳感常常被我们解读为需要休息的信号，于是我们就会希望减少各种各样的活动，特别是会减少那种耗费心力的全神贯注的脑力投入。这种长期疲劳的状态对于备考而言可以说是一个非常致命的严重问题。根据我们的调研数据，3万人的样本中有超过2 300人存在超过2个月的长期疲劳感，占比达到7.7%。其中有1 490人报告存在多项与疲劳关联的症状，包括头痛、咽痛、眩晕、腋下淋巴肿大等，按照美国疾控中心1994年提出的诊断标准，有836人符合长期疲劳综合征的特点，比例高达2.8%。

长期疲劳实际上伴随着一系列独特的深层次生理变化。首先肌肉细胞中负责生产能量的线粒体活性降低，催化酶反应的效率不够，因此代谢过程会产生更多乳酸，乳酸在肌肉中积累，导致不适感和虚弱感。当肌肉能量不足时，正常的肌肉收缩就会受到干扰，破坏了多块肌肉之间彼此协调、彼此保护的平衡关系，导致我们的每一次身体活动都可能不那么顺畅，有些僵硬和费力阻滞的感觉，甚至可能因为动作变形而出现肌肉酸痛等症状。同时，肌肉收缩失衡会导致正常的血液回流受到影响，这不仅可能带来疼痛，而且会降低整体血液循环系统的输氧效率，使得我们产生呼吸不畅、眩晕等不舒服的感觉。随着时间的延长，这些生理变化会进一步影响整体神经系统，改变我们的生物钟节律，降低我们的食欲和睡眠质量，带来更加严重的持续疲劳感。

应对长期疲劳的方法与短期疲劳不同，不是简单地找一天多休息一下、吃好一点、睡好一点就可以期待快速恢复。有一些长期疲劳综合征的最初诱发因素中包括身体上的细菌或病毒感染，以及长期的生活作息紊乱等。同时有一些错误的应对做法又会在长期疲劳出现后干扰我们的自然恢复，比如一种是过度关注身体的症状，改变了睡眠习惯、降低了睡眠质量，还有一种是强行通过摄入咖啡因等挤出自己的能量导致不断在过度劳作与过度疲劳之间摇摆。第三种错误应对则是尽量减少身体

高三开学后——兴奋期

的活动,但却导致心情处于压抑郁闷的状态。这些错误的应对方法其实都是因为不了解长期疲劳与短期疲劳的差异,按照以往应对短期疲劳的习惯来缓解长期疲劳,药不对症。

预防和应对长期疲劳是一个复杂的综合性问题,因此不能单纯依靠一两个神奇的"大力丸",而是需要采取系统的整体的调节方法。首先第一步,需要做细致的生活安排记录,针对饮食、睡眠和运动三个部分做好记录,以便能够了解自己当前的身体情况与生理节律基础。其次第二步,要设定目标并从睡眠入手采取行动,提高睡眠质量,改善身心的自然恢复效能。第三步则是制订整体的日程安排计划,并定时调整以便能够长期坚持。

第一步,要解决对生活安排进行记录并分析的问题。家长可以协助考生使用"生活安排记录表格参考示意"来对自己的生活安排进行一周左右的追踪。对记录下来的每一项活动进行分类,包括工作、社交、健康、休闲、家务、睡眠等,分别评估自己各个类别的活动安排是否符合自己的期待,想象一下自己理想的生活,或者设定好自己希望达成的目标,将理想状态或目标状态与现状进行对比,确定哪些类别的活动安排不足,哪些类别的活动安排过多。

 评估小工具

生活安排记录表格参考

时间	周一	周二	周三	周四	周五	周六	周日
前晚睡眠时长	7小时						
6:00—7:00	睡觉						
7:00—8:00	起床、早餐						
8:00—9:00	上课						
9:00—10:00	早操、上课						
10:00—11:00	上课						
11:00—12:00	上课						

续上表

时间	周一	周二	周三	周四	周五	周六	周日
12:00—13:00	午餐						
13:00—14:00	午睡、散步						
14:00—15:00	上课						
15:00—16:00	写作业						
16:00—17:00	看篮球赛、上课						
17:00—18:00	晚餐、看手机						
18:00—19:00	散步、收拾寝室						
19:00—20:00	写作业						
20:00—21:00	写作业						
21:00—22:00	看书						
22:00—23:00	睡觉						
23:00—0:00	睡觉						

在对自己现有生活状态进行了初步的追踪和分析后，家长可以引导考生讨论并设定如何帮助身体获得更高效能的阶段目标与分步目标。举例而言，阶段目标可能是希望在2个月后每天能够花30分钟散步。为了达到这个阶段目标，我们可以把它分解为若干个循序渐进、逐步实现的小目标，每周实现一个，逐渐接近自己设定的阶段目标。示例的分解步骤如下：

1. 每个课间都让自己站起来随意走一走。
2. 每个课间都让自己站起来，绕行教室一周。
3. 每个课间都让自己站起来，走出教室、走到饮水间或洗手间。
4. 每天在早饭前、午饭前和晚饭前安排2分钟的散步行走。
5. 每天在早饭前、午饭前和晚饭前安排4分钟的散步行走。
6. 每天在早饭前、午饭前和晚饭前安排6分钟的散步行走。

7. 每天在早饭前、午饭前和晚饭前安排8分钟的散步行走。
8. 每天在早饭前、午饭前和晚饭前安排10分钟的散步行走。

对于家长读者而言，也可以使用类似的方法，帮助自己协调生活，养成新的习惯。如果家长自己都不能以身作则，对过度疲劳说"不"，那恐怕很难引导考生做出科学平衡身心状态的选择。举例而言，如果家长给自己设定的阶段目标是在1个月后能够每周和自己的孩子花一小时聊天放松。为了实现这个阶段目标，我们还是按照每周实现一个小的分步目标的节奏来进行分解规划。示例如下：

1. 找到至少一天，按时下班回家。
2. 找到一天，在下班后给孩子发微信或打电话问候关心，并预约孩子的时间。
3. 制订一个自己和孩子都感兴趣的活动列表，并征求孩子的意见。
4. 按照预约的时间，履行约定，和孩子共同花费一小时享受放松和沟通过程。

指导小工具

生活作息安排调整的目标规划表

分项	阶段目标1	阶段目标2	阶段目标3
分解步骤1			
分解步骤2			
分解步骤3			
分解步骤4			
分解步骤5			
分解步骤6			

在完成第一步的追踪评估分析并设定目标之后，第二步就要想方设法改善考生的睡眠质量。睡眠是保持身心健康和对抗长期疲劳的最根本基础。我们每一天身心状态的起点并不是从早上醒来才开始的，而是在前一晚的睡眠过程中就已经奠定了第二天的基础，也会影响我们的情绪是否稳定、注意是否集中，记忆是否高效。而

且，睡眠不仅仅帮助我们的身体得到休息，还会直接影响我们的学习与复习过程。在睡眠过程中，我们的大脑并不是一片空白，而是有着相当丰富的神经网络活动，一部分碎片化的记忆信息会彼此整合巩固，帮助我们第二天获得更丰富的联想或者对知识更深入的理解。可以说，良好的睡眠质量不仅仅给我们带来健康的身体和心理，还会帮助我们更好地实现高考复习的目标。

知识原理

睡眠质量不佳的问题在考生群体中相当普遍。根据睡眠质量自评工具的得分，在3万人的样本中，有13.9%的考生存在严重失眠，有18.6%的考生存在中等程度失眠，有35.7%的考生存在轻微程度失眠，只有31.8%的考生自我报告不存在睡眠问题。这么普遍的睡眠困扰，当然和整个高三持续的紧张压力导致的负面情绪有关联，同时也是因为一部分考生缺乏对睡眠的重视，总是在牺牲睡眠时间用于学习或者娱乐。

为什么我们从小每天都会睡觉，但是却不一定拥有高质量的睡眠呢？有时候即使睡眠的总时间很长，我们仍然会感到在睡醒之后没有神清气爽的感觉，而是存在明显的疲劳或困倦。其实，睡眠质量和睡眠时长是两回事。影响我们睡眠质量的首要因素不是到底睡了多长时间，而是我们整体的生物钟节律是否稳定。如果我们的作息安排非常不规律、很随意的话，我们内在的生物钟就无法有效地管理我们的身心状态。比如，有些人今天为了学习或者玩游戏熬一整夜，明天又想补补觉很早就上床，连晚饭也不吃了，第二天也睡懒觉，早上错过早餐。这样的任性安排就会使得我们身体的兴奋、平静周期被打乱，正常的三餐或运动等生物钟的"锚定点"也被破坏，于是就可能在白天该清醒的时段感到困倦，在晚上该睡觉的时段感到很兴奋睡不着。

降低睡眠质量的不良作息安排还包括一些其他的常见错误，比如在白天安排了过长的午休，或者白天安排的运动过少，这些都容易导致晚上入睡困难。家长还可以帮助考生排查一下其他影响睡眠质量的因素，包括饮用咖啡因或酒精、睡眠环境有噪声或其他干扰，以及因为心理压力等因素导致睡前情绪波动较大等。

 **评估小工具**

睡眠质量自评表

请根据你过去一个月的情况来自我评估，只要下述不同的睡眠困扰情况在每周都有3天以上发生，就请根据困扰的严重程度来打分。				
入睡时间长（从熄灯到入睡）	0没有	1轻微	2普通	3严重
睡眠中断	0没有	1轻微	2普通	3严重
过早清醒	0没有	1轻微	2普通	3严重
总睡眠时间不足	0没有	1轻微	2中度	3严重
整体睡眠质量不佳（不论睡多长时间）	0没有	1轻微	2中度	3严重
白天情绪状态不佳	0没有	1轻微	2中度	3严重
白天身体功能下降（体力、注意力、记忆力）	0没有	1轻微	2中度	3严重
白天嗜睡困倦	0没有	1轻微	2中度	3严重

自我评估参考标准范围：

将8道题目的得分相加，得分范围在0到24之间。如果得分小于4分，则为无睡眠问题；如果得分在4分到6分之间，则为疑似失眠；如果得分大于6分，则为存在睡眠质量问题。

如果家长和考生发现当前的睡眠质量不佳，就需要积极主动采取改善睡眠质量的策略，而最核心的方法就是要重新建立一个稳定而合理的生物钟节律。

这个生物钟节律具体就是指在确定的时间做确定的事情，让身心有一个不断重复的稳定的习惯，从而调节自己的内分泌和神经系统，让自己在合理的时间感到清醒或者困倦。稳定而合理的生物钟节律最明显的特征就是让自己在每天晚上差不多固定的时间感到困倦，能够顺利地自然入睡。但是为了实现这一点，我们简单地在晚上定好闹钟，按时上床是不足以实现的，因为我们以往的规律可能导致我们即使按时上床了，也不感到困倦，无法正常入睡，反而因为入睡困难，辗转反侧而陷入更大的情绪困扰之中。

建立稳定而合理的生物钟节律需要循序渐进，特别是当考生以往的生活作息非常不规律的时候。为了在固定的时间感到困倦，我们需要在一天当中反推自己的每

一项日程安排,依此将白天的休息、运动、饮食等活动固定在某个时间点,坚持一段时间,让自己的身体适应定时出现的感受。我在下面的小工具中列出家长可以帮助考生稳定生物钟节律的一些具体措施,家长可以和考生讨论后一项一项地顺次落实。当列表中的行为大部分都能够实现的时候,考生会发现这些行为就像一个个"锚定点",把自己的生物钟稳定下来,让自己自然而然地在晚上固定的时间感到困倦。

稳定生物钟的行为自检表范例

行为	落实时间规划	坚持天数
每天早上在固定的时间设定闹铃(虽然可以不立即起床)		
每天在固定的时间起床(无论前一晚睡觉时间多长)		
每天上午在固定时间做固定时长的运动(无论运动强度是轻微还是剧烈,根据自己的偏好选择即可)		
每天将午饭安排在固定时间		
每天将午睡安排在固定时间,且限制在20分钟以内(在稳定入睡后可以根据自己的需要再相应调整)		
每天在下午3点至5点之间,选择固定时间做固定时长的运动,运动强度应该比上午安排的活动更剧烈一些(根据身体条件选择,比上午增加一些挑战即可)		
每天将晚饭安排在固定时间		
每天晚上在固定时刻设定闹铃,提醒自己在1小时后准备睡觉,并开始为睡眠做准备		
每天晚上在睡前1小时闹铃之后,感到困倦则上床睡觉(如果没有困倦感,不要刻意定时上床),记录时间		
每天晚上在感到困倦的、相对稳定的时段上床睡觉		

高三开学后——兴奋期

改善睡眠质量的第二个策略是要利用自己的潜意识，让睡眠环境自然地为自己带来困倦感和舒适入睡的安全感。如果考生已经存在睡眠质量困扰，那么入睡困难或早醒等经历都会使考生躺在床上的时候体验到严重的不适感。我们的潜意识总是会对不舒适的感觉印象深刻，而且会不断提醒自己回忆在哪里遭遇了这种不舒适。这样的潜意识机制就会导致我们把不舒适的感觉和床铺以及卧室联系在一起，进而导致考生的睡眠质量继续下降，形成恶性循环。

为了打破不舒适的感觉与床铺或者卧室的潜意识关联，家长可以引导考生做以下的自我行为调整。

 **指导小工具**

检查优化睡眠环境

行为	是否落实
避免白天待在卧室（如果只有一个房间，请在远离床铺的另一个位置给自己设置专门的学习空间）	
避免在床铺上做任何与睡眠无关的事情，包括阅读、进食、看电视、看手机、思考等	
上床之后立即关灯，避免受到其他光线的干扰	
为自己选择耳塞等辅助工具，避免在睡眠时受到噪声干扰	
检查自己的睡眠环境，避免温度过高或过低，室温一般在20~26摄氏度较为适宜，但可以根据自己的习惯或偏好调整	
如果上床后没有困倦感且持续超过20分钟，请避免躺在床上继续等待入睡。起身到另一个房间，静坐放松或者重新洗脸刷牙，直到感到困倦再回到床上	
如果夜间睡眠中断或者第二天过早醒来，请同样避免躺在床上等待入睡。起身到另一个房间，静坐放松或者重新做洗脸刷牙等个人卫生工作，直到感到困倦再回到床上	

改善睡眠质量的第三个策略是优化与睡眠有关的个人健康习惯。稳定的生物钟节律和舒适的睡眠环境是睡眠质量的两个支柱，但是这两个支柱并不是绝对不变的，而是要随着实际生活的具体情况而做出相应调整。一个合理而健康的睡眠节律并不是死板而僵硬的教条，而是要与自身的个人健康习惯紧密关联，灵活联动。从个人健康的角度，家长可以帮助考生确定睡眠节律的原则，应该是每天晚上不需要花费超过50分钟的时间入睡，夜间睡眠不会经常中断，早上也不会过早醒来，而且关键是醒来之后应该感到神清气爽。

为了实现这个原则性目标，家长可以帮助考生在稳定了生物钟节律之后，计算一下每天平均的睡眠时间，然后提醒考生不要让自己躺在床上花费的时间超过实际睡眠时间。虽然这样做可能会在最初的一段时间让我们感到有些睡眠不足，甚至更加疲倦，但是请家长和考生都要提醒自己，良好的睡眠质量所依赖的个人健康习惯不是睡眠时长而是定时出现的困倦感，初期短暂的控制睡眠时间会帮助我们找回需要的困倦感。

在运动方面，与睡眠有关的个人健康习惯要点是避免在上床前的倒数3小时内做剧烈运动，在上床前的最后1小时可以做一些简单的轻松的活动，放松拉伸一下肌肉，避免肌肉带着僵硬不适感躺到床上。

在饮食方面，睡前3小时内如果过量进食，这种饱腹感以及活跃的消化活动会干扰入睡。此外饮水如果过量，也容易因为产生持续的尿意干扰睡眠。此外，饮食方面影响睡眠最突出的就是咖啡因、烟酒等刺激物。来自咖啡或茶饮的咖啡因刺激，在进入体内之后，会持续4～6个小时对神经系统起到刺激作用，阻碍我们产生困倦感。因此在睡前4到6个小时，都应该避免咖啡、茶饮、巧克力、可乐等刺激性食品或饮品的摄入。香烟中含有的尼古丁对于神经系统也会起到高度兴奋的刺激作用，因此应该避免在睡前或者夜间醒来的时候为了放松而吸烟。最后，酒精对神经系统起到的是抑制作用，会让我们感到昏昏沉沉，产生困倦的嗜睡感。但是酒精虽然会让人容易入睡，但却会在随后的睡眠中带来更多代价。因为肝脏分解酒精产生代谢产物，会容易导致睡眠比较浅，很容易在中间醒来，或者让人们虽然睡觉时间比较长，但是无法进入深度睡眠，降低了睡眠的整体质量。因此如果存在睡眠困扰的话，酒精绝对不是一个健康的助眠方式。如果想要通过一些饮食辅助来改善睡眠的话，睡前饮用牛奶会有帮助。

在休闲放松方面，睡前最后一个小时应该尽量避免安排使我们过度兴奋的活动，避免过度复杂的思考，避免诱发激烈情绪的音乐或视频等方面的刺激。在最后一小时睡前准备的时间里，可以安排洗热水澡，安静读书，听听轻音乐等活动来帮助自己放松。如果发现白天积累的负面情绪比较多，思绪中杂念很多的话，可以在睡前2小时安排20分钟专门的时间，把负面情绪有关的念头或者想要思考的内容写下来，然后以解决问题的视角做理性思考，提出可能会缓解负面情绪的行动。如果能够采取的行动需要的时间比较短，那么可以直接利用睡前倒数第二小时内的剩余时间去采取行动。如果能够想到的有助于解决问题的行动需要比较长的时间，那么可以先写下这些行动的具体步骤，并写下计划什么时间去采取这些行动。这些把思考写下来的过程，都会帮助我们为持续的负面情绪与思考画下一个休止符。

对于一些已经存在睡眠困扰的考生而言，需要做的放松应该特别针对自己因睡眠困扰而产生的心理挫折感。入睡困难给我们带来的心理压力其实是非常巨大的。这时，我们所需要的放松首先就是告诉自己不必太过刻意强求顺利入睡，每个人的入睡过程天然就会有一些波动，20～30分钟的入睡时长只是平均数字而已，有些人就是会花费40～50分钟这样更长的过渡时间才能入睡。家长可以告诉考生，睡眠需要的是困倦与放松的感觉，在这样的感觉出现之后产生的睡眠才是高质量的自然睡眠，所以刻意入睡其实不是我们必须追求的目标。当我们在床上平躺保持放松的时候，这种让困倦自然产生的过程本来就是睡眠的一部分，这段等待入睡的时间，只要我们保持心情放松，那么它对我们身心健康的帮助其实和真正睡着是差不多的。

指导小工具

改善睡眠质量的个人习惯

分项	要加强的好习惯	要调整的坏习惯
运动方面	1. 2.	1. 2.
饮食方面	1. 2.	1. 2.

续上表

分项	要加强的好习惯	要调整的坏习惯
休闲方面	1. 2.	1. 2.
娱乐方面	1. 2.	1. 2.
社交方面	1. 2.	1. 2.

 知识原理

睡眠对学习带来的巨大价值

目前不断有新的研究表明，睡眠对于我们的知识与技能学习、创造性思维等方面都有着重要的价值。我们睡觉的时候好像什么都没做，但其实我们的大脑和身体会进行一系列的调节活动，给我们的学习带来助力。

首先，在睡眠过程中，我们的大脑获得了一段较长时间不受干扰的整理专用时段，会对白天发生的事情，看到的信息等内容进行重复加工，这样的重复会帮助我们把新的信息整合加固成为更加长久的记忆。我们大脑中储存的信息，本质上是神经细胞网络的一系列复杂激活模式。当这些激活模式存在的时候，我们就会表现出拥有某个信息的记忆。但是当激活模式发生了改变，我们记忆的信息就可能被遗忘或发生记忆错误。而睡眠过程中，我们大脑中的神经细胞网络仍然在激活，我们仍然会有意无意地重复白天发生过的激活模式，这也是为什么一直有所谓的"日有所思，夜有所梦"。在睡眠过程中，伴随着白天激活模式的重复，大脑中神经细胞网络会进行修剪，白天的新的记忆被保留下来，而无关的混乱的神经激活模式则被消除。这其实并不是在加强白天的新获取的信息记忆，而更像是在反向淘汰掉那些不重要的、无法形成清晰模式的信息。

所以，保证足够的睡眠时长其实是我们加强记忆的重要举措。缺乏足够的睡眠时间，我们仍然可以记住东西，但是被其他信息干扰产生混淆而导致记忆错误或遗忘的可能性就会相应增加。

其次，睡眠对不同类型的记忆巩固效果也会有差别。对于那些我们学习到的事实，用语言描述的事件经历等，这些被称为陈述记忆。这一类型记忆的巩固需要我们在学习了新的信息之后，紧接着就进入睡眠才会得到最好的效果。所以其实睡前背单词是有好处的，只要别贪多背到夜里太晚了反而因为困倦降低记忆效果。或者也可以专门在午睡之前做这些语言和事实的记忆。而另外一类记忆，比如游泳的四肢动作，弹钢琴的手指动作等，这些过程性的技能也会因为睡眠而得到巩固，而且睡眠哪怕间隔十个小时以上都仍然会给记忆巩固带来好处。

第三，睡眠不仅仅有助于记忆巩固，而且还会在其他思维情感活动中表现出一定的影响。比如，有一个很有趣的研究，请外国人学习中文汉字，安排一些含有相同偏旁部首的字，比如江河湖海。这些外国人刚开始学的时候，都只会死记硬背，像画画一样去记这些汉字。但如果中午睡一觉，睡醒之后这些外国人更容易注意到那些拥有相同偏旁部首的汉字彼此之间字形字义上的关联。这说明短暂午睡之后，我们识别规律、进行深层次理解学习的效率得到了提高。再比如，睡眠之后，我们的创造性思维会变得更好，我们对于痛苦经历的情绪反应也会有所降低。所以这就说明，我们不论是在准备考试、学习一个比较难懂的材料，还是在应对一个非常艰难的挑战，都应该更加重视睡眠。

保证晚间的睡眠质量，在白天争取安排午睡，这不是在浪费时间，而是高效学习的重要支撑。

写给高三家长的考前心理指导

兴奋期"快问快答"

1. 复习的时间管理怎么安排？

时间管理其实是最难的一件事，因为这个说法本身就有误导性。没有人能控制时间的流逝，没有人一天能有25个小时。时间对每个人都是公平的，因此我们其实不能管理时间。在高三一天当中，自己能够掌握的时间很少，大块的时间都在上课，不在我们的掌控范围内。比如说几点打铃几点下课，这都不是我们能控制的。

我们能够做的是：（1）目标管理；（2）执行管理；（3）能量管理。

目标管理是问自己，我要得到什么结果。不管今天打算做什么事，如果不知道自己要得到什么结果的话，这种不清晰的安排肯定无法坚持。比如说自己想要7点钟早起，但如果不知道早上多出来一小时要得到什么结果，那肯定很难坚持。可以制订早起要读一篇文章，或者要做一段早操之类的具体目标。

执行管理是指选择先做什么后做什么。因为还有其他的事情，我们才需要限制时间做完某件事。所谓时间管理，最常做的决策就是决定先后安排和轻重缓急。请记住，每天不要给自己定太多目标，早上考虑清楚最重要的三件事是什么，真的能做好三件事已经很不错了。另外，请务必在规划里安排好休息的时间，过于完美的计划恐怕自己也知道永远都实现不了，自然很难付出努力去坚持。

最后，能量管理涉及调整自己的身体、情绪和注意力状态。简单地说，每个人在一天中都会有周期性的高峰状态和低谷状态。了解自己的周期，接纳并利用它才是顺水行舟。调整能量水平的技巧很多，简单地说，休息就已经是很重要的一个技巧了。这里的休息是指真正的放松，可以做深呼吸、拉伸运动等。不要把玩手机当成休息，因为那其实仍然在让你的大脑做视听信息处理，而且在占用你的注意力资源。

从一定意义上讲，高三的时间管理，关键在于能量管理，因为这个部分是考生

有较大自主程度的。能量就是精力。我们人本身天然的节律就会在一天中有精力的高峰和低谷，而我们要问问自己，我在一天当中到底有没有精力的高峰？如果有的话，精力的高峰时段在什么时候？我用精力高峰做了什么？

在追求精力高峰合理利用这个大原则下，我们再谈具体的时间管理技巧。要让时间"看得见"，给自己做个小日志；要让钟表等时间信息很容易看得到，可以用沙漏等不用思考的工具。要让自己制订的计划，待办事项，日历等工具随手可得。

让时间看得见还包括对自己做事情的完美程度打个分。有些时间无意中就"跑"掉了，因为我们在一个任务上，从自己完美主义的追求出发，过分追求雕琢细节而忽视了大目标。在设定任务的同时，给自己定一个针对精细程度的基本要求分数，有意识地做出选择，而不是无意识地在大事小事上都以最高标准要求自己。

2. 如何平衡自己想要安排的复习任务和老师布置的作业？

平时老师留的作业练习和我们自己做的复习计划并不冲突。老师安排的所有的作业，我们都要清晰地思考自己能够从中获得什么。最起码的就是保持熟练度，加强审题练习，提高做题速度。其次，我们可以把这些题目和自己计划要打的"歼灭战"联系起来。我们肯定在各科都还有不少漏洞，这些漏洞实质上和我们每天的作业都是有联系的。比如作文审题实质上和每一次阅读审题都是相通的。建立关联后我们就可以在日常复习中有意识地突出重点了。就好像我们在专门练运球时，也可以去打比赛，只是在打比赛的时候要有意识地多运球、多跑动。

需要权衡取舍的往往不是复习任务或作业，而是要识别一些浪费时间、破坏专注力的干扰。我们需要建立一个决策思维框架来识别干扰。用两个问题来依次提问，第一个问题是这件事或者这个工具究竟对自己是利大于弊还是弊大于利；第二个问题是在做这件事的时候我自己能不能有效地控制自己停下来。有好处还是有坏处，能不能随意停下来，这样就会自然把每件事分成四类，放到一个2×2表格的四个格子里面。

控制和排除干扰需要考虑以下三个步骤：

第一步就是要大开脑洞，让自己从一个更宏观的视野来尝试把干扰和自己的生活目标建立关联。很多人意识到干扰项之后，总是把这些干扰项当成瘟神一样，想要控制自己去隔离这些干扰项。但是干扰之所以能成为干扰，就是因为它具有吸引力，单纯想要依靠意志力去抵制干扰的诱惑，很多时候只会让干扰的吸引力越发强烈。这种感觉可能每一个想要放下手机的人都体验过。而更有效的方式是避免在自己的内心让理智和情感打"内战"，以开放的心态寻找干扰项与自己生活目标之间的共通之处。比如，我想考一个职业资格证，同时我又特别容易刷视频浪费时间，那么与其让自己完全不看视频网站，不如明确地选择给自己安排一些与这个职业资格证有关的视频内容。所以排除干扰的第一步，是为自己设置一些与自己的生活目标有关的、不一样的干扰项。

第二步就是明确记录自己在这些干扰项上花费的时间和次数，看看自己使用这些干扰物品的持续性与重复性。很多时候，一个直观的时间记录会帮助我们直面现实。在记录的时候，当然要注意区分那些自己设计的与目标有关的干扰项，以及其他与目标无关的干扰项。根据记录，引导自己逐步增加那些与目标有关的干扰项的比例。

第三步，给自己设定一个明确的"危害管制"计数器，每次当自己做的那些与目标无关的干扰项达到了5次或者总共1小时的时候，就要明确地把这些干扰给自己的危害写下来。按照识别工具，这些干扰项都是对自己有害的，那么我们要把这些危害可视化，给自己一个定期的警醒。

3. 语文和英语等需要长期积累的学科一直都是弱势，不知道该怎么复习，怎么办？

首先，语文代表一个中国人的文化水平，和专业技能是两个彼此独立的成分，非常重要，绝对不可轻视。而英语代表了国际视野。所以语文和英语都不仅仅是一个学科，如果薄弱的话，请在高考后务必多花心思持续学习，哪怕到将来读了博士，也需要在语文和英语方面有足够投入，因为这会影响到未来生活工作中的沟通、领导、说服等软技能，务必要重视。

其次，对于任何一个薄弱学科，基本的应对方法都是一样的，要做好错题的分析和整理，知道到底哪里是自己的薄弱项。语文和英语的题目分类比较模糊一点，可以尝试按照以下的提纲来问问自己：

语文存在薄弱项，是作文？还是阅读？还是选择题的基础知识部分？

如果是作文，究竟是以下哪种情况比较常见：

- 看到题目，完全没想法，不知道写什么
- 看到题目，有想法，但是审题跑偏，导致分数很低
- 看到题目，有想法，但是凑了三四百字之后就无话可说
- 看到题目，有很多想法，但是不知道选择哪个，很犹豫，消耗大量时间不能下笔
- 看到题目，有想法，凑足字数毫无困难，但是写出来的作文被老师说存在逻辑不清晰的问题
- 看到题目，有想法，凑足字数毫无困难，但是写出来的作文被老师说存在语言干瘪、缺乏文采的问题

如果是阅读，那么要具体到文体上，是议论文，还是说明文，还是小说类的文章扣分比较多？找到关键问题，然后再针对那个具体问题来求助。

英语的分析也是类似的，只是英语的结构化特征比语文考试更强一点。可以这么问自己：

- 单词记忆有没有问题？
- 单词能记住，但是放在一起组成词组好像就不熟悉
- 单词能记住，但是放在考试的选择题或者阅读中，总是不能精准地区分不同含义
- 语法方面，时态总搞错
- 语法方面，从句总搞错

在以上这些问题的基础上，可以进一步地细化薄弱的困难点之所在。

语文和英语这种文科的学习方法，不像数学的学习方法那么清晰，标准化，不是那么容易复制的。很多时候文科做题是基于感觉，对题目的感觉不一样了，做法也就不一样了，这是由文科题目的灵活性决定的。好在文科的试卷虽然单个题目灵活度高，但整体试卷中题目的位置、难度、类型和要点等稳定性更高一点。举个例子，语文阅读部分，至少在小说阅读，考的题目很有可能会让你理解作者的情感。因此文科的学习方法总结需要考生先对题目进行分类。要是连题目分类都没分出来的话，那就会出现虽然听老师讲解后弄懂了这一道题，但也只是这一道题，下次题

目一换就不懂了。对题目做分类，这样才能把握新高考的特点和要求。

其次要尝试从命题人的角度来去思考这道题是怎么设计的，比如选择题四个选项是怎么设计出来的？一般来讲，阅读的选择题只要文章确定了，四个选项中的正确答案就确定了，剩下的就是怎么去构造两个明显错误的选项，以及一个似是而非的"诱饵"选项。从命题角度做总结也会有助于文科成绩的提高。

4. 数学等理科还会出现简单的计算出错等低级错误怎么办？

粗心导致的错误，第一不是因为傻，第二每个人都会出现。如果今天心情不好还会出现更多。粗心导致的错误其实是在刷题练习积累过程中的一个中间产物。刷题会使得我们做题越来越熟练、速度越来越快，但是很多考生忽略了除了加快速度以外，我们还需要再练习"由快至慢"的回归。

知识的积累到灵活运用会经历三个阶段，第一个阶段就是认识不到运用了什么知识，也无法对其精细控制，就好像自己不知道算法，脑子里面不知道是怎么做的。第二个阶段是有控制但是没有将其总结为一个知识，比如老师说了分数除法怎么算，第一步算什么，第二步算什么，于是我们就开始刻意控制并重复这个算法训练。经过反复练习积累之后，我们才能进入到第三阶段，开始对整个解题过程不仅有精细的控制，而且有整体的宏观的认识。比如在思考整个执行思路的时候知道在哪里可能会出问题，在哪里需要怎么去调整，这就会帮助我们在做题的时候能够随时应变。

在高三做理科题的时候，出现简单的计算错误肯定不是因为我们缺乏知识，毕竟那些计算都是小学阶段就很熟悉的内容了。其实这是源于解题过程中的分心，是我们在从第二阶段向第三阶段过渡过程中容易出现的问题，我们在尝试从刻意控制细节向关注宏观认识过渡，但是还没有完全进入到熟练自由的状态，于是就会因为放松了控制而出现低级错误。

对于这种问题，在做题的时候，除了思考题目本身以外，需要尝试优化自己的做题流程，关键在于要了解题目的重点步骤在哪里，针对重点步骤把思维放慢。

我们大脑里面分为两个系统，一个系统是负责快思维的，一个负责慢思维的，慢思维最大的特点就是思考有没有可能出错，有没有可能有反例，然后做检查。比如就我觉得所有兔子都是白的，这听起来是对的，如果我不需要考虑得太精细，只是做快速思考的时候，所有兔子都是白的听起来没问题。但是慢思维的特点就是，开始反问，所有兔子都是白的，这真的正确吗？有没有例外？

在做题的时候，需要有效地进行快速与慢速思维的交替。如果只是一味求快，就更容易出现低级错误。快思维往往直接判断当前这个东西像不像、可信不可信；慢思维就是要找反例，找可能的出错，然后做检查。

大量刷题会带来熟练度的提高，但是在提高了速度之后，我们还需要在某个关键步骤要刻意地慢下来。

5. 物理题做不出来，或者错很多，要不要放弃？

数学和物理是很多考生面对的"拦路虎"。数学没思路的时候还能随意计算一下，尝试尝试，但物理如果不能突破审题、理解题目要求什么，那真的是无从下手。针对这种困境，可以尝试用模型构建的思维，推动物理解题。

第一步就是在审题的时候刻意把条件列出来，识别其中包含哪些物理模型，相当于不是对条件单一地思考，而是把几个条件打包成一组。物理学科本身就是在把知识转化为基本模型，比如天体环绕、平行电磁场、斜坡上滑块等。我们需要把题目与模型对应起来，注意多种模型的组合与变化。

在找到物理模型后，把对应的有关公式列出来。专门花时间写下公式，不仅会帮助我们澄清思路，而且也可以避免我们自动化地进入快思维的节奏。任何解题步骤，第一步都是重要的，不能因为着急而随意。可以写下有关公式，就是给自己的提醒。

在做题过程中，任何一个模型的转换，任何一个力的出现或者消失都是重点步骤。这些有物理意义的变化都是关键步骤，要提醒自己稍慢一点，反思一下自己的思路是否合理，比如我还记得最初要求什么变量吗？我还是在求解我原来想要的东西吗？不断地问自己这些问题，即使这道题最终没有完全做对，也会给我们的物理复习带来收益，坚持下去就会看到效果。

6. 想要运动一下，但好像总是懒得开始，怎么办？

惰性其实也是人类进化烙印在我们思维中的一种自动化选择，很多人类的发明创造其实都是为了省事省力。对任何人来说，在自己的生活中做出一个改变，迈出第一步是一件难事，不容易。任何改变其实都是要割舍掉原有的旧习惯，坚持形成一个新习惯。这个过程中，我们面对的是一个非常强大的对手，就是我们自己。

战胜自己迈出改变的第一步，可以考虑三个技巧：

第一，不要过度自信能完全依靠自己，要学会寻求别人的帮助。心理学研究表明，把自己的计划公之于众，寻求朋友的监督，会大大提升自己坚持计划的动力。人是社会动物，自我管理和社会管理是并行不悖的。哪怕你不要求别人监督你，仅仅是告诉别人你要健身了，都对你迈出第一步有好处。但要注意，告诉别人的内容一定要具体可量化。说我要健身，这个和没说一样，应该说我决定每天要跑步10分钟，或者每天要走路超过6 000步。

第二，要给自己制订循序渐进的计划，先从小事做起。我想运动，那么我先给自己定一个规矩，每天回家或者上下班的时候不坐电梯，走楼梯。提前一站地铁下车，走一段路，中午饭后、午休之前出去散步10分钟等。需要注意选择的这些小事最好是每天必然做的，定时定点，这样比较容易养成习惯，积累小习惯，形成大的习惯改变。

第三，要给自己创造能够坚持的环境。美国心理学家Thaler获得了2017年的诺贝尔经济学奖，他贡献的一个理论叫作"助推"理论，就是说环境中一些微小的变化会无意识地影响人们。比如说，你决定要回家走楼梯，那么你给自己家一楼那里贴一张纸条，小一点不影响别人，给自己提个醒，鼓鼓劲。在办公桌上买一个沙漏，能够非常方便地计时，提醒自己到点就要站起来活动一下。这些环境中的小帮手，结合你选择的小改变和小目标，能够大幅度降低迈出第一步的门槛，帮助大家长期形成需要付出更多努力和辛苦的习惯，克服自己的惰性。

高三之冬——困境期

很多有经验的高三老师都会谈到，在最初的冲劲过了之后，学生普遍会出现一段时间的松懈、倦怠，学习状态下降。这个阶段有很多形象的名称，包括"瓶颈期""高原期""平台期"等。从人们一般的学习和解决问题的过程来看，这段时期其实是学习成长的必经之路。三个因素导致学生在这段时间感受到非常突出的集中的困境：以往的顽疾、新暴露的问题以及身体的消耗。随着高三备考过程的逐渐推进，一些相对容易的问题被解决，剩下来的很多可能都是考生一直未能解决的顽固困扰，这些困难就会在这段困境期凸显出来，占据很多考生的心神焦点，让考生感到失去了刚开始的进展感，陷入停滞之中。同时，随着复习的深化，不同知识板块之间的融合加强，于是以往很多隐藏的知识漏洞与肤浅理解逐渐暴露出来，让考生感到越复习问题越多，这种不进反退的体验也会进一步加强其心理上对困境的感知。最后，由于大部分考生在兴奋期都会加大学习的时间投入，因此经过两三个月高强度的消耗之后，身体也自然地出现一些明显的疲劳信号，更加使得考生产生陷入困境之感。

在困境期，家长应该关注和了解的两个关键问题分别是：

1. 如何帮助考生接纳错误、直面困难？
2. 如何在日常生活中构建自主可控的复习安排？

典型案例3

张三同学（化名）学习成绩处于中等偏上，在高三经过努力后有了一定的提升，还冲进了几个学科的资优生专属补习答疑小班，被老师和同学看作有明显进步的典范。然而偏偏就在这个势头正好的时候，他开始遭遇困境，问题也很简单，就是拿起手机放不下。

开始的时候只是周末回家需要拿起手机，看一下资优生专属补习答疑发的电子资料，包括一些作文选题素材整理、一些需要打印的额外练习等，拿起手机来就顺便搜索一下与作文素材有关的新闻等资料。但是手机联网最大的特点就是一篇文章链接着另一篇文章，一个视频接着又是一个视频。无边无际的信息海洋总是会带来无限的诱惑，于是，经过两三个周末的发展，手机使用的时间就开始从最初的几分钟，到几十分钟，很快发展到随随便便几个小时就过去了。

学生自己对于手机的使用其实是非常苦恼的，完全没有那种休闲娱乐之后的快感，反而是深深地内疚和自责，责怪自己自控力不足，心智不坚强。对于手机的诱惑，他最初就选择了彻底隔绝的方式来控制自己，跟父母明确说明了自己遭遇的诱惑和苦恼，请父母帮忙下载打印资优生补习资料，自己在屋子里面坚决不碰手机。父母看到孩子这么大的决心，很是欣慰，觉得孩子有上进心，有追求，也给了孩子很大的鼓励。

然而，这样彻底隔绝的策略也没有能够长期坚持下去。父母毕竟对于各个学科的内容完全不熟悉，很多补习的电子资料就算要打印，也还是需要父母拿着手机找孩子确认，一来二去，孩子还是会有接触手机的机会。同时，对于孩子来说，虽然手指不能够触摸到手机，但是脑子里面还是没有办法完全放下，时不时就会在闭关学习的时候头脑开小差，想象小说的情节或者游戏的画面。这种分心幻想的干扰，在一个月左右的彻底隔绝策略之后，变得越来越明显，内心对重新使用手机的渴望非但没有因为隔绝而减少，反而变得更想要使用手机了。刻意让自己不去做某件事，反而会让这件事在内心的吸引力大大增加。到了忍不住的时候，就会找各种理由拿起手机。嘴上说我自己一定要控制住、只用几分钟，可是一旦玩起来就会忘掉时间，等到回过神来才发现，几个小时已经过去了，于是又再次陷入到苦闷、自责的负面情绪之中，连带着接下来的时间也变得效率低下。

当学生来寻求咨询帮助的时候，用他自己的话来说，就是看到手机就心烦，恨不得把手机砸掉。从咨询师的角度来讲，这也是一个具有普遍代表性的案例。大部分高三学生都在理智上清楚地了解时间的宝贵性，那些在高三被手机诱惑的学生很少能够真的玩得开心尽兴，大多都是处在非常矛盾、纠结的情绪之中。他们共同的最大困扰就是，我明明不想用手机，但是怎么就管不住自己呢？

其实这个困扰的提问方式本身就代表了一个心理上的重大盲区。所谓的不想用手机，到底是理智上不想用还是情感上不想用？所谓的管不住自己，到底是需要控制自己使用手机的行为还是克制自己对手机的渴望？

对于这类个案，一个重要的引导方式就是要帮助学生更加准确地体验并观察自己的情绪变化。很多学生都说自己使用手机的时候感觉还挺好，放下手机之后就会觉得自责、焦虑。但从笔者的大量观察来看，这些学生往往忽略了拿起手机的这一关键时刻，很多学生其实是情绪已经不好了，才管不住自己拿起了手机。手机代表着与枯燥复习生活对立的大千世界，拿起手机就是一种无意识想要逃脱困境的本能反应。想要控制住手机的使用，关键不在于拿起来之后什么时候放下，而是在于到底在什么情况下、因为什么原因、带着什么样的心情拿起手机。

在为张三同学做咨询引导的过程中，有两个关键问题是他必须形成深刻认识的。一个就是如何接纳错误、直面困难，另一个就是如何在日常生活中构建自主可控的复习安排。

第一个关键问题就是，很多学生想要拿起手机的主要诱因。伴随着复习的深入，各个学科都开始进入复习的深水区，开始有更抽象、更综合的概念思考，有更复杂、更困难的解题要求，这些变化势必会导致学生遭遇更多困难，出现更多错误。而如果没有接纳错误、直面困难的心理准备，很多学生就会在这个困境集中出现的时期，陷入灰心丧气的低潮，幻想着能够逃避学习中遭遇的打击，陷入手机或恋情等各种诱惑的陷阱。只有转变自身对错误的理解，遇到错误就意识到发现了进步的机会，才能避免因为学习中不可避免的挫折而陷入幻想世界之中。

第二个关键问题其实是，需要学生学会建立一种不费力、更轻松的自我管理方法。手机也好，其他的诱惑也罢，这些内容天然的吸引力是不可否认的。在高三这个特殊的时段，这些诱惑就是会比复习刷题更加有趣、更加刺激。单纯想要压制、隔绝是很难从根本上解决问题的，必须从"堵"转为"疏"，顺应人性、理解自己的内心，才能找到更适合自己的方法，让自己的作息中合理融合学习与休息，达到和谐共存的状态。

关键问题 5

如何帮助考生接纳错误、直面困难？

在高三备考过程中，困难从不缺席，错误层出不穷。考生面对错误与困境的态度会鲜明地分为积极和消极两种。积极态度会使考生接纳自己的错误，把错误当成进步的机会，直面困难、坚持下去；而消极态度则会让考生逃避错误，因困难而陷入自我怀疑。"也许我根本就不适合学数学吧。""我恐怕不是有语言天赋的人。"这些自我怀疑、自我否定的想法，在很多考生心中都曾经产生过。恰恰是这些想法，阻碍了考生付出努力去采取行动改变自己，导致这些自我怀疑和否定最后——成为自我预言的现实。这两种差异在心理学中被称为"固着心理图示"与"成长心理图示"。

知识原理

人们在头脑中会形成对自己以及对世界的基本信念。这种内在信念体系会区分为"固着心理图示类型"或"成长心理图示类型"。

固着心理图示的信念体系核心特征是，我们会觉得自己的能力、才华以及智力等特征都是固定不变的，要么天生就是好的，要么天生就是坏的，跟我们付出多少努力没有关系。这种自我信念是负面的，会在心理层面给我们设定局限，阻碍我们将自己的潜力完全地发挥出来。

与之相反的成长心理图示则是指我们头脑中认为能力、才华以及智力等特征都是可以通过付出努力与坚持而产生变化并获得成长的。这种成长心理图示会让我们愿意设定目标、迎接挑战，能够接受风险、拥抱错误。

固着与成长心理图示都是我们头脑中的信念体系，它们的形成并不是一朝一夕的结果，因此改变孩子头脑中的心理图示也并非易事。但如果我们作为家长因为面对困难就产生绝对无法改变的念头，那么我们自己岂不是已经陷入到了固着的心理图示之中了吗？在笔者接触并追踪了解的众多个案之中，真正在未来社会经济中能够有所成就的，绝不仅仅是靠智力水平和学习成就，影响社交与情感发展的内在信念绝对是会在我们一生之中持续产生深远影响的关键所在。如果家长读者以往都没有留意自己和考生的心理图示类型，那么不妨趁着高三备考这个天然的困境期，了解一下自己和考生的内在信念底色。

家长可以使用"识别固着与成长心理图示"的评估小工具与考生诚恳而耐心地交流，帮助考生坦诚面对自己的内心，识别自己的信念特点。如果发现孩子表现出比较突出的固着心理图示，也不必着急。这恰恰是我们获得改变的机会。

 评估小工具

识别固着心理图示与成长心理图示

面对以下事件	我的想法更接近哪一个	
英语单词测试错了很多	我猜我不擅长记忆	下次我要多做一些练习让自己全对
我没被选入新年文艺汇演	我恐怕永远都没机会上台了	我想如果自己多努力一些的话，下一年就一定能选上

写给高三家长的考前心理指导

续上表

面对以下事件	我的想法更接近哪一个	
我在课上被老师批评	老师肯定是不喜欢我这个人	我应该改正调整自己的行为
我的数学考试没有及格	我想到数学老师就感到害怕	我应该和数学老师谈谈，问一问自己该如何提高成绩
我和朋友吵架的时候大发脾气，说了伤人的话	生气了不是我的错，我又控制不住自己的脾气	我应该为自己没能控制住发脾气向朋友道歉
我忘记带课本到学校	记性不好的人就是容易犯这种错啦	下次我要在睡前检查自己的书包
我在篮球比赛中投篮很准，但是力量不够，在三分线以外就很难投中	三分球对我来讲太难了，不是我的优势	我要专门练习三分球，加强力量
我在平时测验表现不错，但是到了大考就表现拉胯	这说明我的心理素质就是很差	这说明我要学习如何保持冷静
我的作业有一些很简单的题做错了	我怎么这么笨，犯这么简单的错误	我以后要在做简单题目的时候更细心一点

注：想法接近斜体字的有几个？想法接近加黑字体的有几个？

斜体字代表固着心理图示的想法，加黑字体代表成长心理图示的想法。

帮助孩子改变固着的心理图示，第一要诀就是在日常生活中通过家长自己的一言一行来表达自己的成长心理图示。比如当孩子问家长你会不会开帆船的时候，与其对孩子说"我不会"，不如试试说"我还没有尝试学过"。

也许这个举例会让很多家长意识到自己以往的所言所行可能很多时候都受到了固着心理图示的限制，犯了大错。但请各位先别着急沉浸于自责之中。也许我们作为家长确实给孩子做了错误的示范，甚至直接误导孩子产生了固着心理图示，但我们所犯的每一个错误,恰恰是我们的学习机会,给我们提供反例,帮我们积累经验。老子有云:"天下皆知美之为美,恶已。"接受甚至积极拥抱错误,这本身就是塑造成长心理图示的一个必经之路。而能够分享自己犯的错误,讨论如何吸取教训,这也是家长能够给孩子的最好示范之一。下面的指导小工具帮助家长朋友们总结了一些可以用得上的话语,帮助家长引导孩子在面对困难时,朝着成长心理图示的方向进行思考。

 **指导小工具**

面对困难时,该说什么来引导孩子朝向成长心理图示的方向思考

面对挑战的时候,可以试试换个策略
面对困难的时候,可以想想自己如果能够解决这个困难会带来什么成长变化
我们能不能把"失败"这个词语替换为"学习"呢?
也许我还没有实现自己的目标,但我是不是该为自己付出的努力而给自己一些肯定呢?
我可以从错误中学习,这会帮助我聚焦于学习与成长的过程
不妨想想我可以去哪里寻求帮助
我只要进行练习就会获得一点进步
我可以为自己做出尝试的努力而感到骄傲
每次尝试新的方法,或者为解决困难付出努力的时候,我都在帮助自己的头脑变得更好

保持积极的心态去接纳错误并不容易,需要我们有效地调节情绪。每一次犯错,每一次尝试新的事物,每一次面对失败风险的时候,我们本能地都会产生相当复杂的负面情绪,包括遗憾、愧疚、羞耻、自责等。在家长尝试帮助孩子朝着成长心理图示进行思考的过程中,最突出的阻碍就是孩子会在面对错误的时候出现各种负面情绪,即使理性上知道这些错误是学习的机会,也仍然可能在情绪上逃避错误、苛责自己。这种因为错误而引发的负面情绪,特别容易在考前变得非常严重,因为考试使得考生不得不面对出错就要丢分的客观现实,这就会使得考生对于错误无法保

持开放的态度，患得患失，使害怕出错成为干扰考前心态的重要因素。考生的这种心理导致其规避错误的情绪反应可能会隐藏在家长的视野之外。因此家长需要选择看似与学习和考试无关的话题来切入，尝试观察评估考生是否对错误存在逃避心理。

如何观察考生是否对错误存在逃避心理

原则：选择孩子休息的时间，邀请孩子共同玩一个游戏，观察孩子在游戏过程中的表现。

游戏范例：闭眼绘画游戏

向考生说明，这个游戏是帮助我们转换一下头脑的思考内容，帮助我们放松一下。

准备一张白纸和铅笔，请考生闭上眼睛，画出指定的闭合几何图形，比如三角形、圆形等。画好之后睁开眼睛，看看画得怎么样，没有闭合扣一分。

然后，再次闭上眼睛，要求用几何图形画出指定的物体，比如帆船、汽车、房子等。画好之后睁开眼睛，看看画得怎么样，几何图形没有闭合扣一分，几何图形没有连在一起扣一分。

观察指标：出多少错误，扣多少分不重要。重要的是从画图形转为画物体的时候，难度增加，面对这个挑战，观察考生的反应。有一些考生属于"抱怨困难型"，会在采取行动之前就抱怨任务变难了，表现出不愿意继续游戏；有一些考生属于"降低难度型"，表现为大幅度减慢速度；还有一些考生属于"过度反应型"，表情夸张，大声叫喊等。这三种类型虽然具体表现不同，但核心都属于面对增加的困难无法保持冷静。如果考生在这个没有实质意义的扣分游戏当中都过度在意分数，对于错误非常苛责的话，都反映出考生当前对于错误的态度有所偏差。

如果家长观察到孩子对错误的态度有比较突出的回避特征，该如何帮助孩子纠正这种偏差呢？关键在于帮助孩子建立一套方法，在发现错误之后如何从过去的负面情绪中走出来，用理性思考引导孩子关注未来，采取规避错误的具体行动。这一套方法的具体表现是出错时如何应对的思维与行动计划。在整个备考过程中，考生都知道自己无论如何都会遇到出错的情况，从这个基本事实出发，家长可以提醒孩子制订这样一套应对计划，其价值在于可以让孩子在每一次遇到错误之后明确地知道该做什么来引导自己更加科学而积极地把错误变成提升的机会。可以参考以下的例子，结合自己的情况进行微调。

 **指导小工具**

我面对错误时如何应对的思维与行动计划

- 体验自己当前的情绪，通过给自己的情绪状态命名来认识自己
- 对自己说："有这样的情绪是正常的，但我要尝试从这个情绪中走出来变得更加积极。"
- 用深呼吸来控制自己的情绪，告诉自己："我比这一个错误强大得多。"
- 对自己说："我要理性思考，不让自己沉浸在情绪中消耗精力。"
- 提醒自己："出错是必然会发生的，说明我接触的题目和经历过的挑战数量又增加了。"
- 原谅自己犯了错误："出错是因为过去的行为，现在我要聚焦在未来做什么。"
- 对错误进行分类，识别以往相似的错误
- 为将来如何规避这个类型的错误进行头脑风暴
- 筛选头脑风暴的成果，选择一个当前能做的规避错误的行动
- 找同学、老师聊一聊这个行动，寻求帮助，获得反馈
- 尝试去做
- 在尝试做出规避错误的行动后，奖励自己在犯错后采取了积极的行动

如果家长发现考生对于建立上述计划有一定抵触的话，可以继续选择从一个看似与学习考试无关的活动切入，对考生进行引导。这里给各位分享一个利用手指活动来给考生启发指导的小工具。

指导小工具

游戏：手指灵活度游戏

向考生说明，这个游戏是帮助我们活动手指、锻炼手指灵活性的，同时可以达到放松手指肌肉的效果。

对于右利手的考生，请考生把左手平放在桌面上，五指尽量伸开，用右手敲击桌面，跳过左手的每个手指，点手指之间露出来的桌面，好像在跳跃障碍一样。要尽可能快速地跳跃，从左到右再循环往复。每次必须让右手手指接触桌面，而且不能让右手手指碰到左手手指。限时20秒，记录有多少次右手手指点错。做完之后，左右手交换，右手平放在桌面，左手敲击跳跃。如果考生是左利手，那么就先让主力手左手跳跃，然后再换右手。

在这个游戏中，当考生从主力手跳跃改为不常用的手跳跃时，这个任务就会变得更困难一点，出错也会变多。面对出现的错误，家长可以尝试引导孩子使用面对错误时的应对计划，通过练习，提高自己对错误的接纳程度。

关键问题6

如何在日常生活中构建自主可控的复习安排？

困境期的考生最大的挑战就是感觉困难无处不在，各个学科都仿佛在尖叫着争抢有限的时间，而同时身体又在不停地要求休息，大脑中也会时不时冒出诱惑的声音问自己是不是可以放松一下。千头万绪自然会让考生的心理状态一团乱麻。同时学业上积累的顽疾、新暴露的漏洞都会给考生带来挫折感，导致考生怀疑自己付出的努力到底有没有意义，失去了对复习过程的控制感。

面对这种困境，家长能够为考生提供的一个重要助力就在于协助考生改善自身对复习的控制和管理，建立自主自律的复习方法，以便在困境中找到自己的收获感。

自主自律的复习方法实质上是对自身学习的主动管理，这与被动接受学校的安排是不一样的。在自主自律的学习管理中，以下三个成分就是我们需要管理的对象：

- 动机
- 时间
- 环境

知识原理

动机是一个相对比较复杂的心理学概念，其涉及很多不同的相互重叠的概念，比如需求、驱力、追求等。但其核心特征在于隐藏在行动底层的能量与方向把控。动机会直接改变我们的目标、信念、感知与对未来的预期。影响学习的重要因素包括动机的强弱、动机的类型以及动机的持久性。动机的强弱表现为学习者是否在意学习这件事，是否愿意为学习付出努力。动机的类型可以分为动机究竟来自一个人的内心还是外部的奖励或惩罚。成功的学习者通常都是善于自我激励的。而动机的持久性也是决定动机质量与最终学习成果的重要因素。如果一个人总是第一天拼命三郎，第二天躺平拉倒，这样肯定是无法获得理想学习成果的。

时间管理与环境管理都是学业成就的重要基础。时间是学习过程中最为宝贵的资源，决定我们能够安排哪些任务、能够制订哪些计划、能够完成哪些目标。而环境则是指我们在学习过程中所处的物理环境以及与周围人交往的社会环境。优秀的学习者会更有效地排除物理环境中的干扰，提高自己的效率，同时也会积极地在社交环境中寻求学习的助力。

在尝试帮助考生建立自主自律的复习方法之前，家长可以先使用以下的讨论提纲，和考生探讨当前复习中自身管理的现状。任何自我改进的方法都起始于自我观察与评估。

写给高三家长的考前心理指导

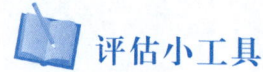

评估小工具

亲子讨论项目表

表现	经常	偶尔	从不
我会想象未来的美好生活给自己打气			
我会用座右铭或口号来激励自己			
我会在一种方法不好用的时候尝试改变方法			
我会有意识地总结某种方法			
我会做复习计划			
我会把复习计划变成具体的任务列表			
我会特意安排让自己专注的学习环境			
我会主动寻求帮助			
我会定期调整自己的学习目标			
我会反思评价自己的学习进展			

在自我观察与评估之后，下一个步骤就是设定具体的目标和计划，选择合适的方法以便能够获得整体复习状态的改进。完整的自主自律复习方法应该包含对动机、时间、环境的整体协调安排。

动机管理实际上体现在一个人如何选择自己的行为反应，如何决定行为的投入程度，以及对行为坚持下去的意愿。在困境期，考生的动机困境大致可以分为以下几类：

● 防御型：出于对自身能力的怀疑而高度关注如何避免暴露自己的能力短板，对于所处的困境使用心理防御机制进行否认或回避

● 安慰型：会因为分数不满意而沮丧，并刻意选择更加简单的题目或练习，为了追求自己心理上的安慰而回避挑战，降低对自己的要求

● 绝望型：对自己已经形成了非常稳定的负面评价，放弃在学习方法上追求效

率,也不愿意寻求帮助,依靠重复的低效学习和努力来让自己感到麻木

● 自满型:因为目标设定出现偏差,期待的目标远低于自身的能力水平,虽然可以很轻松地保持自己满意的状态,但是无法获得进步,而且很容易因为学习之外的活动分心

● 焦虑型:缺乏自信,对于学习任务感到极度焦虑,影响自身的注意专注与记忆效率,导致在考场上完全无法充分发挥自己的实力

考生陷入上述五种动机困境之中,一个主要诱因就是对自己在学习中到底想要追求什么这个问题陷入误区。心理学家将人们在学习中所追求的目标分为两个主要类型,分别是:①看重精通的过程;②看重学习的结果。这两种不同的动机倾向就会在困境期导致一些考生陷入内心的迷茫或失衡。家长可以帮助考生使用以下的评估小工具识别自身的动机倾向类型,评估自己是否有遭遇上述动机困境的风险。

 评估小工具

两种动机倾向

分项	看重精通的过程	看重学习的结果
成功被定义为	进步、精通、创新	高分、排名
价值关注点在	努力、学术上的探索	胜过别人
获得满足的基础	挑战、收获、精练	付出努力与收获结果的比较
把错误视为	学习的一部分,重要信息	失败,缺少能力的证据
把能力视为	通过努力可以发展变化	固定不变、与生俱来

当发现考生面对动机困境的时候,家长可以尝试使用以下的动机管理策略库为考生提供一些参考,供考生自行选择改善动机状态的路径。

写给高三家长的考前心理指导

指导小工具

动机管理策略备选库

我会想想我为什么想要一个好成绩
我会提醒自己好成绩的重要价值
我会在学习结束后给自己一些奖励
我会在学习中安排间歇休息、放松
我会把学习任务分解成更小的任务,告诉自己完成后可以有什么收获
我会思考学习任务和自己的生活有什么关联
我会尝试把自己的经历或者自己的感受与学习材料联系起来
我会自己设定规则,把学习任务尝试变成一种游戏
我会想想这些学习任务和我的爱好有什么关系
我会寻找我的朋友一起学习
我在确定为休息的时间里会完全放下对学习的思考

动机管理主要针对考生内在的心理状态,而时间与环境管理则是更多针对考生外在的行为表现。针对这些行为调整,家长还是要认清自身的定位,以提供工具给考生参考,供考生自主管理为目标,而不是扮演"监工"把考生"管"起来。

评估小工具

高三考生最主要的浪费时间诱因

浪费时间的主要诱因	我的排序
1. 知道任务但却拖延不做	
2. 做白日梦,不知道自己在想什么	

续上表

浪费时间的主要诱因	我的排序
3. 感觉很疲劳，没有精神，提不起劲	
4. 和同学聊天	
5. 手机	
6. 做题时审题缓慢，看书时阅读缓慢	
7. 没有规划	
8. 总在等待老师的安排	
9. 睡得太多	
10. 运动或玩耍太多	

指导小工具

反驳下列容易导致拖延的借口与想法

不喜欢做这事
还没到截止时间
我比较适合在有紧迫感的情况下做事
也许拖一拖这事就不用做了
今天时间太早了，不适合做
今天时间太晚了，不适合做
这事太难了
拖一拖也不会有什么差别
我其实也想做，就是总会忘记

续上表

做这事可能会让我尴尬
我太累了
我太忙了
我不知道到底应该怎么做这件事
我要等到一个没有打扰的完整时间来做这事
我要等到一个舒适的、完美的环境来做这事
还没有人催我做
反正已经晚了,干脆再等等吧

注:可以选择最常出现的借口理由,写下驳斥的理由。

 指导小工具

时间管理策略备选库

明确区分刻意认真学习的时段,在一天中把这段时间固定下来
选择相对比较少干扰的学习环境
在安排学习任务的时候,以20~40分钟为单位,安排间隔与休息
准备好5分钟对学习有意义的活动安排,如选定学习地点、做身体放松、完成与同学的必需的沟通等
准备好15分钟对学习有意义的活动安排,如复习课堂笔记、做当天或明天的日程规划、整理床铺或清洗衣物等
在制订日程安排的时候,详细规定要做的任务,而不是详细规定起始时间
在安排学科复习任务的时候,交替不同的学科,减少疲劳
在一天中明确自己最优先要实现的目标,区分任务的重要程度与紧迫程度

续上表

把经常拖延或回避的任务放在自习课的第一个时段，先做完
让时间看得见，包括使用手表、日历、日程规划表等

除了对时间进行管理，自主自律的复习还需要对学习环境进行管理。我们既需要适应环境，也需要在必要时主动地改造或重构环境。如果我们能够理解环境中哪些因素会影响我们的学习效率，那么我们就可以更合理地选择适合自己的环境。学习效率的高低最主要体现在我们是否能够保持专注。

 知识原理

专注与注意的关联与差异

注意是思维的选择过程，控制我们将哪些外部信息纳入头脑之中。形象地说，注意像是一个筛子，拣选一部分我们需要的信息，同时把其他海量的无关信息挡在我们的头脑意识之外。由于我们大脑信息加工能力的总量是有限的，我们的注意范围也非常有限，同一时间只能筛选一小部分信息。想要处理更多信息的话，就需要我们不断转换注意焦点，从一些信息转移到另一些信息。

而专注则是指不断地持续地将注意焦点回归到某一些信息上。注意是选择焦点，而专注则是要重新选择焦点，回归到某个任务。我们在日常生活中会自然而然地出现注意焦点的偏差，也就是俗称的走神、分心。专注并不等于从来不出现走神分心，那是不可能的。专注意味着及时察觉到走神并有效地重新聚焦到主要任务上。

学习环境的好坏，关键在于是否有利于保持专注。家长可以和考生共同使用下列环境比较表，针对在不同环境中出现以下行为的程度来打分，识别哪些环境更为合适。

写给高三家长的考前心理指导

评估小工具

学习的物理环境比较表

在这个环境中我会出现的行为	环境A	环境B	环境C
1. 我可以立刻开始学习			
2. 我受到他人的干扰比较少			
3. 我感觉温度适宜			
4. 我感觉光照适宜			
5. 我感觉桌椅舒适			
6. 我有方便休息的地方			
7. 我能在休息后立刻投入学习			
8. 我能实现学习的目标			
9. 我能够方便地摆放或者拿到学习所需的材料			
10. 我会花时间使用手机			
11. 我会做白日梦			
12. 我会睡觉			
13. 我会对这个环境中的噪声感到不舒服			
14. 我会很容易出现计划外的休息			
15. 我会很容易与他人对话			

注：从1~5分计算分值，1分代表非常不符合，5分代表非常符合。

将1~9题的分数加总，减去10~15题的分数，最后的得分代表学习的物理环境对于保持专注的友好程度。

除了选择有利于保持专注的学习环境，家长还可以为考生提供一些可选的减少干扰的学习方法。

 **指导小工具**

减少干扰的学习策略备选库

选择最有利于保持专注的学习环境，固定下来，让自己习惯于这个专门的空间
在开始学习之前，做好必要的小憩准备（食物和水）
合理规划自己的学习安排，避免在非常疲劳的时段强行坚持
准备一个笔记本专门记录自己意识到在做白日梦的情况，监控有利于保持专注
变换不同的学习内容与任务，以避免出现无聊烦躁的情绪干扰学习
主动监控自己的思维过程，向自己提问"我理解了吗？"
设置具体的目标，如今晚完成第3章的复习，并在完成后打钩
在发现注意有偏差之后，使用自我提示与自我引导，如"该回归学习了"
在40~50分钟学习后安排5~10分钟休息，若较易分心可缩短学习的时长
尝试邀请比自己更善于保持专注的同学组成学习小组，在每次集体学习的时候明确每个人在这个时段希望实现的目标
根据自己要完成的学习任务，准备好通过书写、提问、比较来进行深度思考

写给高三家长的考前心理指导

困境期"快问快答"

1. 感觉复习得不到进步怎么办?

困境期很容易陷入感觉不到进展的烦恼之中。打破僵局的关键在于区分存量与增量。我们很多人的目标都会涉及一个数字,然后我们就会很容易陷入一个误区,以为把数字变小一点就可以更容易地实现目标。但是这种方式根本就是痴人说梦,比如那个著名的例子"先挣一个亿的小目标",在听到这句话时大部分人产生的一种滑稽的喜感,其实不在于一个亿和小目标的反差对比,而是在于我们本能地意识到这个说法是有误导性的。问题的关键不是先赚多少钱算作小目标,而是到底如何多赚一元钱。这就是存量和增量的差别。

如果我们能够清晰地知道每天的增量从何而来,那么不论多大的目标都可以随着时间的积累而逐步接近。但如果我们连最开始的一块钱都不知道从何而来,那么任何目标都会变成空中楼阁。在很多人的生活中,包括很多企业与单位的组织中,都经常出现这种不区分存量与增量的误区。一年的目标定好了,然后给每个季度和每个月分配一部分指标,于是就告诉自己目标拆解完成。或者把整个单位的目标拆解成分配给每个人的任务量,有了KPI然后就目标设定完成。这些简单粗暴的方法,本质上都是把目标最终的结果存量拆分成若干个小一点的存量目标,并没有完成存量到增量的转化。

我们需要的是找到现状和目标之间的差异,然后确定一个能够带来改变的行动,这才是带来增量的小目标。具体而言,不论我们是希望能够积累财富,还是提升自己的能力,增量目标就体现在我们每个季度、每个月、每一周、每一天到底能够做什么行动。我们要规避的就是每天忙忙碌碌,但是与目标背道而驰。

为此,我们需要把目标拆分成三个关键的增量动作:第一,平日的轨道,就是每天坚持做什么事情能够积累哪怕一点点微小的增量；第二，脱轨后的应急，就是说如果出现了意外情况，那么我能够准备什么应急行动帮助自己回归到每天需要保持的正常轨道上；第三，清点库存，就是说我如何归纳、整理已经积累的存量，以便不断优化不断提升质量，给自己提出新的增量目标。

复习是一场与自己头脑中知识漏洞的战争。当我们长时间战斗，但却陷入僵局时，要考虑以下应变：

1. 能不能更有效地发现"敌人"，也就是自己在各科学习上的思维漏洞，以及考试中丢分的原因。可以说，错题本实质上就应该起这个作用。另外也可以像我们给你进校做摸底面谈时一样，把各科的得分和复习状况做一个梳理分析，找到漏洞才能制订更有效的进步计划。

2. 能不能消灭"敌人"。日常跟随学校老师安排进行复习，这是战斗的一部分，是让自己保持熟练度、保持紧张感的必要行动，但这种战斗属于日常的"遭遇战"。想要真正消灭"敌人"，要学会针对重点漏洞打"歼灭战"。在思维上打"歼灭战"，需要分割问题，突出重点，然后进行专项分析和练习。举例来说，如果想打好篮球比赛，我必须知道自己是不是上篮总出问题，进一步说是不是运球还有漏洞，然后专门针对运球做练习。类似的例子，我知道自己的语文作文得分低于自己的水平，想要提高就得分析哪里丢分，比如以往曾经跑题，那么就要针对跑题做专项练习；比如专门找老师请教审题的方法、做好总结，然后不用写整篇作文，只是看了题目后写提纲，再找老师针对自己的审题给反馈和指导。进一步分析，也许问题就出在自己考试写作文的时候没有打草稿、写提纲的习惯，那我就要专门练习快速写提纲，然后在完整动笔前先检查自己审题是否恰当。这样的专精练习才是打"歼灭战"。

2. 分数虽然有进步，但是和其他同学比较，名次一直上不去，怎么回事？

名次排位对考生的影响大部分时候都会大于分数本身。当分数有进步但名次原地踏步时，考生容易陷入无力和挫败感之中。想克服这种困境，需要考生重新做理性思考，学会从整体的宏观角度分析自己和别人的复习安排，避免否定自己的进步。

当考生埋头复习的时候，很容易忽略别人其实也是在动态改变的，自己在进步，别人也在进步，甚至有些同学可能由于复习效率更高，或者原有漏洞相对简单等原因，能够获得更大进步。比如很多所谓"黑马"，以前成绩不好，高三进步很大，并不一定是复习本身带来的，而是因为以前没学，头脑相对空白，复习时集中突破反而更少干扰、更少弯路。

同时虽然自己进步了，但考试在持续变难。模拟考都是逐步增加难度、增加考察范围和深度的，这也会使得考生的进步难以在名次上反映出来。

更加客观地分析名次的分布，充分考虑其他因素，可以避免给自己背上沉重的心理负担，陷入自责或自我怀疑。

高考的真正对手从来都不是考生身边的同学。要实现高考真正的目标，进入理想的大学，并不是依赖于某个特定的班级排名或校内排名。在复习过程中能够看得到的名次排位通常都是不真实的，连参考的意义都不大。比如某个考生想去清华北大，那么在同一个学校很可能没有几个人会直接跟他抢名额，真正的对手在复习过程中根本就不知道在哪里。在复习阶段，如何少错一点、多拿一分，这样的目标比名次真实多了。

3. 感觉记忆效率低，记不住，或者感觉记住了不久后又忘记了，怎么办？

好记性不如烂笔头。高三复习过程中，每天听到、看到的东西太多，如果不动笔，很容易被过量信息淹没，难以实现有效记忆。做笔记是先把知识清晰地呈现出来，这是记忆过程的最基础的第一步。接下来要经过复述、整合、运用三个阶段，再尝试把书变薄。复述比较容易理解，有笔记但是如果没记住，那么就有可能发生错漏。但是复述或者反复看很多次，这都是机械的记忆，效果不好。下一个深化记忆的步骤是整合。这个步骤是很多同学容易忽视的。即使把每个信息点都记住了，也不等于这个知识体系放到头脑中了。知识点在头脑中是有不同的组织方式的，一种像字典一样，按字母顺序或按记忆的时间顺序排布，这种排布顺序本身是缺乏逻辑支撑的，俗称死记硬背；另一种是在理解每个知识点逻辑关联的基础上来记忆，把知识点串联成网络。

为了做好整合这个步骤，具体做法是注意笔记的标注。你现在做的笔记提供了丰富的细节，可以比喻成你建立了一个藏书丰富的图书馆。但是，图书馆的使用不是依靠书的内容，而是依靠书的封面上的编码体系，有这些编码、书架号、书名、作者名等标签，你才能方便地找到图书，也就相当于把图书归纳整理到一个体系当中。建立标签的具体做法就是，要多留意，在笔记中做一些自己的小评语或小标签，比如这个知识点的难度（你自己的评价、打个分），这个知识点属于自然还是人文，跟哪个章节有关联等。另外，建议在知识点旁边留一些空白，这样方便你添加一些评语，比如这个知识点的典型题目，或者自己做错的题目。这样可以把知识点和题目更紧密地关联起来。运用的部分就需要你把这些知识应用到题目的解决过程之中。一个简单的练习方式就是自己给自己出题：看着课本的目录，跨章节给自己提问，比如化学讲了金属，然后跨了好几章讲有机物反应、催化剂，那么为什么金属能催化呢？这种自己给自己的提问，不需要像考试大题那样系统化地回答，甚至不需要找到最好的答案。它只是在引导我们进一步思考知识点之间的关联，熟悉如何以提问的方式来串联知识点，这其实就是出题人的思维模式。你平时练习多了，考试就会对知识点更加熟悉、更有底气。想要运用这个方法进一步提高效率，可以考虑做一些精练的复习图示材料，可能就是一页纸，用非常简单的、自己画的符号来归纳。就好像逛图书馆，不论有多少书，你总会有个地图，这个图书馆大楼第一层是什么，第二层是什么，第一层东边第二个屋子是什么，怎么走过去。这些提纲挈领的简化总结，就是你回忆的入口。再多的书，它的编码最大类只有10类，把书变薄就是这个意思。

4. 想要用功但是却很容易分心，感觉坚持不下去了，怎么办？

明明想要用功但却总出现自己和自己心意相对抗的状况，其实也是一种动机缺乏的表现，通常是由于一些深层的心理错位导致的，可以通过动机评估访谈来改善。在心理咨询中，动机评估访谈是一种专用的快速咨询方法，为那些想要改变但是又缺乏行动动机的来访者服务，这种访谈一般会安排在需要长期坚持的咨询之前，比如去除成瘾行为的咨询，或者慢性疾病的康复训练等。

这个方法首先要检查是否存在目标思维上的心理错位。比如你虽然知道自己的

大目标，但是对目标的思考和认识出现了严重的偏差。非常典型的就是应对中高考，学生习惯于将成绩分数和班级或者学校的排名来等价于学习效果。这种思维在平时可以凑合着使用，但是对于全省全市的统一考试来说，这种思维就可能带来偏差。只看分数，你就很容易忘记这些分数背后更需要仔细分析的是到底哪些知识存在漏洞；只看排名，你就很可能陷入意气之争，忽略了选择真正适合自己的出路。说到底，中高考本身其实并不是目标，根本的目标是求学深造的路怎么走。如果你找回真正长远的目标，那么就算万一出现考试失误，分数很低，你也不会就此消沉，因为求学深造的路有很多条，只要有坚持前行的动机，你在普通高中可能逆袭，你在不太满意的专业可以转系，你在没有达到自己理想目标的大学里仍然可以准备考研或者出国留学。检查目标思维上的心理错位，可以帮助我们做好思维的"体操"，以开放的头脑找到更多动机来源，也能够更有弹性地应对焦虑等负面情绪。

第二个层次的心理错位，就是长期存在情绪困扰，情绪状态不对。我们大脑的理性思维活动与感性的情绪反应是密不可分的。进行计划、自我控制等高级思考的前额叶和掌管情绪反应的边缘系统之间的神经联系非常紧密而复杂。如果一个人长期处于抑郁、焦虑、惊恐等负面情绪的困扰之下，他对一个目标的持续注意和兴趣保持都会受到负面影响。这种情况下，先纾解这些长期的负面情绪，然后才能真正让一个人恢复追求目标的心理动力。

第三个常见的心理错位，是对自己的能力评估不清晰。很多长期处于空虚状态的人，他缺乏的不是动机，而是自信，因此害怕采取行动。在单纯想要某个结果和真的去追求这个结果之间，有着一个巨大的想法与行动的鸿沟，而这个鸿沟里遍布着自我怀疑、自我否定、自我破坏的陷阱。比如有家长在激励自己孩子的时候特别喜欢用否定恐吓句式，每天坚持说三遍"你再这样肯定考不上某某大学"。这肯定会导致考生心灵受到冲击和伤害，降低对自己的能力评价，也不敢抱有希望、不付出努力。很多时候，动机访谈都是在帮助人们把潜意识中的不自信呈现出来，然后给予其鼓励和支持。

5. 感觉原来定的目标太高了或者太低了，怎么办？

心中给自己订立的目标，是我们找到前进方向，保持昂扬斗志的基础。志存高远才能雄心勃勃、一日千里。而如果不去制订目标，就很难有合理的计划，在日常执行上也难以把握原则，无法坚持下去。

制订目标的时候，过低的目标会让我们缺乏奋斗的动力。一个人如果胸无大志，在最开始的时候连想都不敢想，那他肯定难以积极采取行动，从起点就直接摆出一个"躺平"的姿态，怎么可能持续地付出努力呢？而另一方面，过高的目标也会带来负面影响，比如好高骛远可能会将我们锁死在一个难度过大、脱离实际的目标上，陷入一个付出努力却没有回报的困境之中，仿佛在一个通向空中楼阁的虚幻道路上奔跑。

如果感觉目标太高或者太低，请先别着急调整，而是先做一个自我反思，可以参照以下的提纲。

第一个步骤，要检视自己是否针对目标的高低有清晰的界定原则。很多人在思考目标的时候，会完全随着自己心情的起伏来制订目标。心情好的时候，雄心万丈、野心勃勃，但是心情一旦有所波动，马上就怀疑自己，目标也随之缩水。这就属于典型的"进退失据"。目标本身并不存在绝对的高与低，比如说我想要减肥，我想要考个好成绩，我想要在今年的工作中完成比去年多50%的业绩，这些目标到底是高还是低，取决于我们拥有多少资源助力以及要花费多少时间去完成。不论目标的任务要求是什么，如果我拥有的资源助力更多，那它也不是难事。反之，再简单的事情，如果我们压缩完成的时间，那它的难度都可能会不成比例地迅速增加。所以我们在制订目标时，防止过低或过高的第一个步骤，就是确保自己对于过低和过高有判断思考的参照标尺，要明确地列出任务要求、资源助力与时间进度。有了这些具体信息，才能避免混沌空洞地在"高"与"低"这两个形容词上纠结，更避免完全凭着心情好坏来改变目标。

第二个步骤，要检视自己对于目标的思考是否存在不合理的逻辑盲区。很多人的思考其实只是想法在一个又一个地涌现出来，根本就没有对想法之间的逻辑关联进行思考、检验，于是就会埋藏很多逻辑盲区。在目标制订中的常见逻辑盲区就是：选定的目标以"最好、最多、最大"这样的形容词来描述。这种完美主义的最高级表述很多时候其实是不确定、不清晰的。"我要给孩子最好的教育"，"我要找到最疼爱我的伴侣"，这些描述本身就是存在争议的。因为我们这个世界中变化是永恒的，就算你知道现在这个时刻最好的教育是什么，最疼爱我的伴侣是谁，你也无法知道

未来会发生什么样的改变。目标属于未来，天然就会抵触最高级的描述。我们需要用更好、更多、更大这样的比较级形容词来替换掉最高级。我只要比今天更好一点，进步比现在更大一点就可以，这样的目标才是实在而具体的。最高级的目标往往反映了我们只考虑收益，不考虑风险与机会成本。我们的思维容易看到有形的、具体的部分，容易忽视无形的、抽象的部分。我们设定的目标，不要忘了专门提醒自己，问一问这个目标如果真的实现了，伴随而来的风险会有什么，同时我不得不放弃的潜在的好处有哪些。

第三个步骤，要检视自己的目标修正调整原则。避免目标过高或者过低是一个动态的过程，因为任务要求、资源助力以及时间安排都可能会不断发生变化，所以我们制订目标其实永远都是一个不断适应、不断修正、不断调整的动态过程。每个目标都必须不断被分解为当前的第一个步骤、第一个行动，只有这样的动态分解才能保证我们脚踏实地朝着目标推进，否则就会变成空想。同时，每个目标都需要被分解为若干个可以量化的指标，然后给自己搭建一些渐进提升的阶梯。比如我的目标是提升长跑能力，那么我把目标分解为腿部力量、心肺功能以及腰部核心肌肉的力量，而我的渐进提升阶梯就应该包括逐渐加量的深蹲、呼吸训练以及平板支撑等。这样逐渐加量的目标调整，可以防止我们一开始目标过高或者随着时间流逝目标变得过低。同时我们可以通过反向设置目标的方式来引导自己逐级渐进提升，比如说，当我自己发现"每周去跑步三次"很难坚持的时候，就给自己改变一下目标的设置陈述方式，改为"每周我选定4天不跑步"，这种反向的目标陈述会更容易让我们愿意坚持而且改进，从4天不跑步，渐进缩减为3天、2天等。

6. 感觉没有希望了，怎么办？

希望有时是一个具体的愿望，比如想要见到一个人，想要买一个东西。更多时候，希望是一种模糊的对于明天的想象。有些人头脑中的明天是美好、热情、新奇的，但也有些人想到明天的时候，只会有一种无奈、麻木，甚至厌烦的灰暗感受。这就是拥有希望和丧失希望的差别。

"丧失希望"是一个非常狡猾的"敌人"。它通常会先占据我们生活中一个最吃力的小领域，比如让我们觉得工作中困难很多，进展不足，自己好像一个辛苦挣扎的隐形人似的。但随后，丧失希望的感觉会给我们的眼睛罩上一个灰暗的滤镜，让我们自己主动地去生活的其他领域寻找"绝望"，比如打开手机就看到不好的新闻，回到家就看到堆积如山的家务等。这样一来，丧失希望就会像一个心理癌变一样，从一个小领域蔓延到生活的每一个角落，让我们对明天的想象彻底失去光彩。

如果我们总是选择无法控制的目标，就更有可能丧失希望。比如我只想要考到更高的分数，那这个目标其实并没有掌控在我们自己的手中，因为它更多受到试题难度等因素的影响，我们要选择的可以掌控的目标应该是让自己会做的题目更多，分数的提高只是一个自然的副产品。

同时，如果我们总是做极端化思考，也更有可能丧失希望。头脑中出现的"所有""总是""永远"，这些词语都应该引起我们自己的警惕。所有的希望都来源于生活的可变性，如果我们在思维上掉入了否定变化的陷阱，那么自然就容易感到丧失希望。而且这种过分夸大的极端化思维会使得我们在处理事情及解决问题时更容易冲动，更容易选择过分简单粗暴的方法。在与人交往的过程中也存在另一种形式的极端化思维陷阱，叫作非黑即白的二分法，就是把人只分为好人、坏人。这种简单的标签会直接在思维上阻碍我们寻找希望，诱使我们在与人交往的过程中选择退缩，放弃采取积极行动，进一步增加我们的困难，形成恶性循环，进一步摧毁希望感。

警惕以上两种思维陷阱，是我们避免丧失希望的第一步。接下来可以考虑这几个方法来重获希望。

第一，张开嘴，多与人交流。越是感到丧失希望的时候，我们越需要避免让自己与他人隔绝，而是应该更加积极主动地尝试与他人进行交流。人是社会性动物，我们的生活以及生活的希望很难在孤寂中长久独存。而反过来，当我们与他人开口交流的时候，不论说的内容是什么，这种表达都会帮助我们获得情绪的纾解。很多时候，想法憋在心里就会非常混乱，甚至越想越乱。说出来的过程就相当于引导自己把想法梳理一下，让别人听懂的同时，也会帮助自己听懂自己，而且这种表达也会帮助我们反省自己的内心，警惕潜在的思维陷阱。最后，与人对话还可能会帮助我们获得别人的理解甚至是支持与帮助。

第二，要尝试借助幽默的力量。幽默并不等同于滑稽，看着视频哈哈大笑并不一定是体验到发自内心的幽默感，反而更有可能只是非常肤浅的刺激反应。真正的幽默实质是内心的联想。只要我们在头脑中创造性地把两个不相关的事物联系在一

起，我们就会因为这种关联而感到新奇和愉悦。比如看到一个苹果，我天马行空地想象自己把一个比脑袋还大的苹果掏空之后当帽子戴。这样的联想能力每个人都有，不需要特别的天赋，那些喜剧大师只是更善于用语言把自己的联想表达出来而已。对于我们普通人来说，要享受源于内心的幽默感，只需要我们对于自己看到的、听到的事物不要简单放过，而是静下心来，放慢呼吸1秒钟，引导自己换一个不同的角度做一些联想。这样简单的思维"体操"会帮助我们在生活的细节中寻找到快乐，进而重新获得希望感。

第三，给别人帮一个小忙。幸福感的根基来源于我们在工作中和生活中体会到的自我价值。当我们感到丧失希望的时候，重获希望最快捷的方式，就是采取行动，做一个小小的、力所能及的善意之举，帮助身边的人或者是陌生人。重新获取希望感不等于一定要立下多么远大的志向，点燃多么雄伟的野心，而是应该在细微之处让自己感受到今天与明天的美好。给别人帮一个小忙，就是在我们自己眼前创造一个立刻可以见到的美好，在帮助别人的同时，提升自己的价值感，引导自己重获希望。

希望之感，其实是我们自己内心对明天的判断。当我们有意识地规避思维陷阱，采取积极行动时，希望就会成为一种我们自己能掌控的内心抉择。

高三春季学期开学——焦虑期

春节过后，大部分学校都会安排高三考生提前开学。从短暂的寒假回归紧张的校内复习生活，学生会经历一次节奏转换带来的情绪冲击。同时，这段时间复习的进度安排通常是第一轮复习结束、第二轮复习开始，对知识思考深度的要求提升了，复习进度加快了，这些都会给考生带来情绪压力。最后一个直接的负面情绪来源，就是若干次重要的大型模拟考试，包括寒假结束后的摸底以及各省市一模等。在以上多种负面情绪诱因叠加的时段，考生很容易更为频繁地出现各种负面情绪。

在这段时期，最为突出的负面情绪就是考试焦虑。考试天然是一个考生非常在意却又充满不确定性的挑战。考生会担心考题很难，会担心自己丢分，会担心自己即使做对了分数也还是不如别人高，会担心考砸之后同学、老师和家人对自己的评价，会担心自己将来的出路。种种担心都会使得考生把本来就不多的时间消耗在无助于复习的情绪"内战"上。而且焦虑情绪会直接影响我们的思维过程，使我们在头脑中放大那些负面的信息，让我们偏离事实，对自己和自己的未来都做出更加负面的评价，导致考生总是带着"完蛋了""不行了""没希望了"这样的情绪包袱负重前行。

针对焦虑期的考生，家长需要了解并协助考生直面两个关键问题：

1. 想到考试就感到焦虑紧张怎么办？
2. 怎样才能将消极负面的思考转化为积极正面的思考？

写给高三家长的考前心理指导

典型案例 4

张三（化名）同学成绩中等偏下，虽然有一两个学科比较拿手，但是整体而言分数在校内的排名并不突出。好在家长早早地就为他做好了学校和专业的规划，准备学习一个比较冷门的专业，考取一个离家比较近的大学。算算这所学校的这个专业历年的招生分数，他现在的程度考进去绰绰有余。所以一直以来，他其实都算是同学中的"逍遥派"，不算是非常刻苦、全力拼搏的。在历次考试中，他的成绩也算比较稳定，基础简单题总是能拿到保底的分数，各科加起来稳定在全年级中游，如果拿手的学科发挥出色还能提高一些名次。由于这种稳定性，他一直以来对于考试的心态也处于一种习以为常的稳定状态，按部就班地参加考试，拿一个理所应当、预料之中的分数和排名。

然而，这样的稳定状态到了高三下学期就出现了问题。由于那年是第一次新高考，增加了一次跨省联合模拟考，全面模拟考试和招生过程。这次八省联考出题思路非常新，打破了历年来的很多套路，刚刚考完就已经有很多学生大喊出乎意料。过了一段时间考分公布，更是给很多学生带来了直接的心理冲击。张三同学也不例外，虽然各科分数整体和以前差不多，但是偏偏拿手的历史学科考得特别差，而且在以往拉不开分差的语文学科上也比以前多丢了十几分。

因为这次跨省联考的冲击，张三同学的"逍遥派"作风以及稳定中游的位子开始动摇，以往云淡风轻的脸上开始频繁地愁云遍布。他终于开始意识到，哪怕自己没有很高的追求，哪怕以往的成绩都很稳定，也还是必须要面对考试中巨大的不确定性。而且在这次联考后，老师也关注到他的苦恼，用唐太宗的话鼓励他，"取乎其上，得乎其中"，希望他能够正确看待这次考试的失利，以更加拼搏的精神认真对待高考的挑战。

张三同学认真思考后，也接受了老师的意见，想要振作精神，加紧复习。他专

高三春季学期开学——焦虑期

门找老师分析了这次联考的试卷，发现丢分集中在历史的主观题以及语文的阅读主观题和作文上。在分析试卷的时候，老师还善意地提醒他，要注意书写的工整，避免阅卷老师因看不清字而扣分。这种提醒其实老师们每次考前都会说，不过大部分学生就是听听而已，也没太往心里去。可是张三同学这次却偏偏记住这事了，也因为这个事，随后陷入了很大的心理困扰之中。

最开始他发现，自己在语文和历史考试的过程中，突然时间不够用了，写不完题了。以前从来没感觉过时间紧张，可是现在只要是语文、历史测验模考，自己就会想要很认真地、尽量全面地把主观题答好，但是这样一来，就很容易一不留神在某一道题花费大量时间，造成最后有些题目写不完。因为感受到时间压力，他在书写的时候就开始着急，字也就写得更加潦草一些。看到那些不那么工整，有些凌乱的字迹，他又更着急了，对一些字词会改来改去，这又拖慢了速度，造成时间更加紧张了。

经过几次考卷没有答完之后，他开始特别在意答题速度，想要在选择题的部分加快进度，给后面的主观题多留出一点时间。然而，事与愿违，越是想要快点做完选择题，越是容易碰到那种答案选项模棱两可的题目，导致他在几个选项之间来回摇摆，把答案改来改去，非但没能节省时间，反而有很多简单题目最后想多了、答错了。

在这个阶段，学生自己的形容是，感觉脑子坏掉了，面对语文和历史突然之间不知道该怎么答题了。情况迅速恶化到连平时写作业，只要面对语文和历史，都会做得慢，感觉很不流畅，非常吃力。他被这个困扰笼罩，跑去找老师求助，但是又没有办法说清楚自己的困难到底是什么，只是跟老师说自己怎么突然没有答题的感觉了，而且写题写得很慢。老师听到这个困扰，就跟他讲考试需要速度，需要熟练，所以还是要多做题，多写才能有感觉。写得多了，自然就写得快。

带着老师的建议，他开始加大做题量，每天拼命地写。但是很快他就发现，自己的手指写得非常累，有时已经感觉到痛了。而且字也是越写越潦草。他开始多了一份担心，特别怕自己的字写得乱七八糟，导致丢卷面分。

在这份担心的影响下，他的紧张与焦虑开始进入一个新的高峰阶段，他开始纠结自己如何握笔。他总觉得有一种握笔姿势会相对更舒服一些，可以让手指没那么累、没那么痛，而手指如果舒服了，字也就会写得更好看一些。那么到底是哪种握

笔姿势更舒服呢？他又不确定。常常是这一会儿工夫感觉还可以，但下一个时刻这种感觉又消失了。这时候，他每天在写题过程中，不由自主地就把关注焦点都放在手指姿势和字体美观上，总想要找到并且记住那个最理想的握笔姿势，甚至到后来发展到晚上睡觉的时候也非要在手里拿着一支笔，就怕忘掉白天好不容易找到的某个握笔姿势。可惜没有一个握笔姿势能够长期保持，都是用一会儿就又不舒服了。

这个学生来寻求咨询的时候，哭着怀疑自己是不是得了强迫症，因为他去上网查资料，发现自己这种反复纠缠于某个细节的表现符合心理障碍中对于强迫症患者刻板行为的描述。

然而，从咨询师的角度来看，是或者不是强迫症，根本就与当前学生面临的苦恼没有关系。明确一个标签，在考前这个紧张的时刻，不会给学生带来什么明显的收益，反而可能给学生增添心理负担。就算真的说症状已经很严重，符合强迫症的临床标准，那又怎么样呢？你总不能放弃考试直接去吃药治病吧？总还是要回归到症结的根源——备考复习。

这个学生遭遇的心理困扰看似比较奇怪，莫名地纠结于握笔姿势。但其实回顾他的困扰发展过程，可以清晰地看到两个问题。

第一，他以往完全没有考试和学习的压力，一直处在舒适区，所以从来没有特别为高压力、高度紧张的状态做过准备。一旦突然之间意识到自己其实没有那么十拿九稳的时候，就完全乱了方寸，没有调节自己情绪的方法和经验，不断地因为焦虑情绪而干扰复习考试，又因为复习考试中出差错而更加焦虑，形成不断升级的恶性循环。

第二，他在负面焦虑情绪的驱动下，思维上只关注自己有问题的地方，对每个场景的思考都是负面的，明明考试整体得分与排名变化不大，但是在他眼中就只盯着语文和历史这两个发挥不好的学科。明明整体试卷回答都和以往水平差不多，但是在他眼中就只盯着主观题字写得不好。这些细枝末节被他不合理地放大，最终各种负面想法全面占据他的心智空间，导致了那些所谓的强迫行为。

很多学生其实都会面临类似的负面情绪困境，虽然每个人表现出来的行为各不相同，但普遍都会在情绪影响下钻牛角尖，关注细枝末节。这时候，如果只是安慰他们一下很难起到作用，如果直接指责学生，那就效果更差了。所以家长和老师都应该关注下面两个关键问题的指导。

第一，不论是处在什么层次的学生，都应该为考试可能的失利做好心理准备，掌握好面对考试焦虑时科学合理的情绪纾解方法；第二，应该采用科学的方法引导学生意识到"危中有机"，学会把消极负面的信息转化为积极正面的信息。有了这两个指导，才能避免陷入负面情绪的漩涡。

关键问题 7

想到考试就感到焦虑紧张怎么办？

"平时学得不错，到了考试就做不出来是怎么回事？""考试前睡不着怎么办？""考试的时候心慌意乱，感觉无法进入状态怎么办？""考完试不敢听同学说答案，也特别不想听老师讲评试卷，是怎么回事？""总是担心考不好怎么办？"这些问题通常都会在高三备考过程过半的时段大量地集中出现。而这些问题背后的心理机制其实是相同的，都是因为考试的压力而出现了紧张焦虑的情绪。

考生、老师和家长都对焦虑感比较熟悉，也会在碰到上述问题的时候给考生打上"因为考试而焦虑"的标签。但是知道自己焦虑并不一定有助于缓解焦虑，甚至有很多考生会在感知到焦虑后背负上"心理素质不好"的标签。其实应对考试焦虑的第一步就是理解并接纳焦虑，认识到焦虑是一个正常的本能反应。

只要我们需要面对未来的不确定性，我们的身体就会产生一系列让我们心跳加速、肌肉紧绷、大脑兴奋的变化，这种变化就会被我们看作"焦虑情绪"。如果我们坐上时光机，回到人类老祖先还生活在山洞里的时代，我们会发现焦虑情绪是我们在进化中保障生存的必要手段。我们听到老虎的叫声，看到阴云密布，这些信号都会提示我们可能要发生一些危险，于是我们的身体就会开始做战斗或者逃跑的准备。但不论是战斗还是逃跑，我们都需要让身体肌肉以及神经系统兴奋起来，做好动员，而不能让自己懒惰、松懈。焦虑本身不是我们的"敌人"，它是我们身体和大脑的一种情绪状态。它既然是内在拥有的，就是长期进化的成果之一。进化心理学研究已经明确揭示，焦虑情绪其实是身体和大脑的一个信号，能促使我们重视小概率风险，或者为某事提前做准备。焦虑情绪在高考前产生是非常正常的。从这个角度来看，恐怕只有那些对考试完全放弃、毫不在意考试结果的考生才敢说自己一点焦虑也没有。

但是，承认焦虑是正常的，不等于放任自己一直维持在焦虑的状态，放弃自我调节，不去转换情绪。焦虑情绪在高三备考的过程中会直接降低考生的学习效率与考试表现。焦虑情绪会降低我们的自我评价，导致我们在复习中更容易放弃；还会打乱我们正常的理性思维，导致我们在做题中更容易分心；而且长期处于焦虑情绪中无法调节的话，会使身体失去平衡，承受过量负担，造成健康问题。所以，在感受到焦虑之后，还是要采取合理的情绪调节行动来帮助自己缓解焦虑，回归冷静。

缓解焦虑首先要找准焦虑的诱发原因。考试焦虑最常见的关联因素就是对成绩不满意。我们总是会被最明显的反馈信号所吸引，于是就会自然地把成绩当成努力的结果。但是家长要引导考生反思一下，从根本上重新构建对考试的理解，关注考试中哪些题目做对了，哪些做错了，而不是最后的分数或排名。

知识原理

高考的最终结果是一个学生去到哪个大学的哪个专业。不会有哪个大学关注考生在自己班级内的排名。所以高考的核心结果从来都不是高三复习期间能够看得到的分数或班内、校内排名，而是到底有多少知识学会了，而且能够有效利用其解决更多的问题，考分和排名只是解决问题的副产品。在整个高三让考生患得患失的这些数字，都是一种模拟的结果。想象一下，如果为了考生没有焦虑，保证模拟结果让每个考生都满意，其实操作很简单，只要考卷出得简单就可以。但这样每个人得满分的场景，对于模拟训练就会毫无意义，因为无法暴露问题，无法帮助考生准备高考。一些考生会纠结于自己的成绩好像出现了越复习越下降的问题，或者好像高三成绩比高一高二还退步了。这种现象背后的共性因素在于以往考试大多针对刚刚在学习的某一部分知识进行考核，而进入高三，即使是简单题也可能是多个知识点关联来考察。这种情况就可能带来一个问题，单独的知识点以为自己掌握了，但是将其关联贯通起来的能力还不够,就会出现各种差错。

如果考生受到考试焦虑的困扰,就可能会出现一系列与焦虑有关的身体反应,家长可以使用以下的评估小工具,帮助考生及时发现是否出现了过度的考试焦虑。

考试焦虑可能出现的表现

表现	严重程度(1~5分)
头痛	
眩晕	
大量出汗	
恶心	
喘不上气	
经常口干舌燥	
缺乏食欲	
频繁地想上厕所	
经常面色潮红,心跳加速	
便秘或腹泻	
手脚感到麻木	
腹痛	
腋下及颈下淋巴结肿大	
肌肉酸痛	
颤抖	
体重突然下降	

续上表

表现	严重程度（1～5分）
睡眠质量下降	
感到疲劳	
感到力不从心	
感到羞耻	
感到害怕	
感到绝望	
感到自己没有价值	
感到持续的担心	
感到烦躁	
感到孤独	
感到失去控制	
感到没有任何动力	
回避或推迟学习任务安排	
明知应该复习却在浪费时间	
轻易放弃，无法坚持复习	
不想去学校	
不想上某个学科的课	
回避某个考试	
哭泣	
过度运动	
做重复的刻板行为	
自我伤害	

成绩与考试焦虑之间的关系并不是简单的成绩差就焦虑，成绩好就不焦虑。焦虑最直接的诱因始终都在我们的头脑之中。我们如何思考会决定我们如何看待成绩。很多成绩不错的考生仍然会表现出非常严重的考试焦虑，原因就在于他们的思维过程带上了有偏差的滤镜，脱离了现实。而减轻考试焦虑也在于要扭转思维过程，摘掉扭曲现实的错误滤镜。

家长可以使用以下的指导小工具，和考生讨论。

指导小工具

反驳扭曲现实的思维滤镜

类型	表现
放大滤镜	夸大危险，放大负面消息： "如果考砸了，所有同学都会看不起我。"
盲信滤镜	对未来的事情盲目相信一定会发生，否定不确定性： "我可以肯定下次考试会非常难。"
读心滤镜	总在想象别人头脑中会怎么想： "老师肯定会觉得我问的问题很傻。"
宿命滤镜	把每一件事都扩展为一生的命运，认为不会改变： "我每次考数学都肯定做不出压轴题，过去和未来都是如此。"
"废柴"滤镜	否定自己的价值： "考得好不好都没用，我就是不被人喜欢。"
完美滤镜	把自己的价值与完美表现绑定： "没得100分就是不行。"
末日滤镜	只关注某个时刻前的日子，忽略未来的生活： "离高考只有200天了，过一天就少一天，时间不够了。"

续上表

类型	表现
假想滤镜	总在纠结过去的某个选择,想象当时错过的选项:"我当初如果选了文科,现在可能会更轻松。"
预言滤镜	对未来做很多设想,不区分可能性,为所有选项担心:"考试那天要是忘带准考证怎么办,要是堵车怎么办,有台风怎么办?"

反驳有偏差思维滤镜的提问备选库

我当前的想法是什么?
我的想法是不是基于事实的?
有哪些证据可以支持我的想法?
与想法有关的事实有多可靠,证据质量高不高?
这个想法对当前我的行动有帮助吗?
这个想法带来的好处是什么,坏处又是什么?
这个想法是与现在有关,还是与过去或未来有关?
这个想法如何影响我的心情、身体和行动?
如果我的朋友也有这样的想法,我会对他说什么?
犯错是不是等于失败?
我们能百分之百确认别人在想什么吗?
别人的想法等于事实吗?
我们有可能一直让所有人满意或者喜欢自己吗?
过去发生的事未来就一定不会改变吗?
一个人可不可以和别人不一样?

在思维调整的基础上,家长还可以协助考生尝试做出一些必要的行为调整,以减轻考试焦虑。首先就是选择简单方便的科学方法来放松。

高三春季学期开学——焦虑期

一个基础的放松动作就是做深呼吸，通过呼吸放松告诉我们身体是安全的可以放松的。放松呼吸比正常的呼吸更深更慢，呼吸部位更低，通常在腹部而不是在胸部，着意控制腹部随着呼吸起伏。这里介绍一种简单易上手的方法：确保你舒服地坐着或者躺着，慢慢地闭上眼睛，通过鼻子缓慢地呼吸，可以把内视觉放在自己的腹部上，看到随着自己的缓慢而深度的呼吸，腹部在起伏，大约10次之后，就会进入放松的状态。

第二个放松的动作是要做出微笑的表情。身体和心情之间是相互影响的。快乐的时候会露出笑容，而反过来做出笑的动作时，这些肌肉变化也会反过来改善我们的情绪。笑容对应的肌肉活动最突出地集中在嘴角、颧骨和眼睛周围的肌肉。在需要调节情绪的时候，可以刻意地收缩这几个肌肉，先把嘴角咧开，主动露出牙齿，然后颧骨肌肉配合使劲，提升面颊，让脸感觉在挤压眼睛，这时再使劲眯眼。刻意做这些动作时，面容可能不是自然的饱满笑容，而是一个鬼脸，但这也没有关系，坚持做动作，不要给自己评价。

第三个放松的动作是调动自己的触觉和嗅觉。触觉和嗅觉是我们五感中最为原始和基础的感觉通道，和我们的情绪关联最为密切。通过鼻子获得的气味信息会直接联通大脑，与主管情绪的杏仁核等深层脑区关联密切。而触觉则主要来自我们拥有的最大的感觉器官——覆盖全身的皮肤。在需要调节情绪的时候，给自己做一些肌肉按摩，伸展一下四肢，抚摸一下肚子，使劲握拳击掌，这些触觉刺激都有助于我们转移注意力，暂时忘掉给我们带来焦虑的事情。同时也可以选择自己喜欢的气味，闻一闻花香，有条件的话可以走进自然环境，让自己感受青草、树木、雨水等自然气味。

 指导小工具

想象放松指导

"想象放松"是通过让头脑主动构建一个自己感到平静的场景来引导自己的身体获得放松。这个平静的场景可以是一处海滩，可以是一片森林。在想象中需要引导身体去体验细节，包括花朵、草丛、空气中的海腥味等。以下是一段想象引导语的

示意，可以尝试用轻柔的声音朗读。

私人花园

请闭上眼睛，给自己找到一个舒服的姿势。首先开始做一些缓慢的深呼吸，感受空气经过鼻尖，让自己的身体舒展，继续深呼吸，感受椅子正在承托着你的身体，让你可以放松。

现在，想象一下自己正在沿着一条小路行走。这条小路可以是任何样子，想象路上的砖石。这是一个天气晴朗的日子，你可以感觉到阳光照射在脸上，带来温暖和活力。很快你看到一个大门，你知道大门会将你带到一个特别的地方，在这个地方你会感到安全、舒适。请你伸出手推开大门，邀请你自己走进这个私人的特殊花园。

你的私人花园中有各种你最喜欢的事物。也许这里有花朵、有树木、有动物、有流水，甚至有音乐。请你环顾四周，留意一下你能看到的东西。关注花园中的各种色彩，想象它们的鲜艳。观察花园中各种事物的形状，感受它们的不同。你的花园中，所有东西都是那么和谐，彼此组合成一个宁静的画面。让自己的目光停留在花园的地面上，然后缓缓向上移动，直到天空，留意你会看到什么。在看的同时，留意自己身体产生的感觉。接下来，我们可以以触摸来探索一下自己的私人花园。也许有些东西是柔软而温暖的，也许还有些东西是光滑而凉爽的。在触摸的过程中，请不要忘记感受花园中空气给你的感觉，是在流淌的还是静止的？是温暖潮湿的还是清凉干爽的？用这个时间感受花园中的平静。接下来我们继续探索花园中的声音。也许你的周围是安静的，也许有一些轻柔的声音，也许有一些响亮的声音。放松自己，感受那些声音。让我们深吸一口气，感受空气在鼻子中留下的气味。带着这些让你舒适的感觉，你可以在私人花园中做任何你想做的事情，让我们在这个花园照顾一下自己的需要吧。

当你准备好离开这个花园的时候，请你放缓脚步，逐渐靠近花园的大门。你带着放松和满足的感觉，这种感觉会一直伴随着你。推开大门，回到来时的那条小路上。当你行走在小路上时，请提醒自己，你可以随时再次回到自己的私人花园，享受这里的美丽，舒适地放松。现在你已经做好准备，继续你的一天。请你轻柔地拉伸一下自己的四肢，睁开眼睛，感受放松后的清醒。

高三春季学期开学——焦虑期

关键问题 8

怎样才能将消极负面的思考转化为积极正面的思考？

持续一年的毕业班复习生活确实非常辛苦，应付失望、困难与挫折几乎是每天都要面对的任务。但是能否在这样长期艰苦的持续挑战中坚持下去，这本身就是高考选拔考量的必要因素。什么人能够咬牙坚持？什么人会过早放弃？差别往往就隐藏在人们经历了负面情绪冲击之后的想法之中。每个人都会经历一些成绩上的起伏波动，但是有些人会在面对不满意的成绩时陷入消极负面思考的三连击：（1）没考好，我讨厌自己；（2）这门学科太可恨了；（3）我什么都不行，干脆放弃吧。这些负面思考常常会导致考生过于轻易地放弃持续努力。

对于这种常见的考生困境，家长需要扮演的角色，并不是直接告诉考生要放弃消极想法，而是要理解考生产生消极想法的过程，为考生提供分析的工具，帮助考生依靠自我内在的力量，从消极的方向扭转为积极的方向。

为了帮助考生从自身力量出发，找到坚持下去的力量，家长可以首先帮助自己和考生清晰识别"毅力"和"偏执"的差异。有毅力并不等于不断重复去做无效的动作。我们会很自然地在遭遇失败和挫折后感到沮丧，产生放弃的想法，这是正常的反应，也是我们及时调整思路、改善学习方法的机会。愚公移山的精神固然可敬，但我们不能否认把问题定义为搬家会比移山降低太多难度，也不能忘记就算真的要移山，方法也不是只靠生孩子一辈一辈地堆人力，而是要不断寻找更高效的工具和组织方式。培养毅力不是在训练一个不知变通只会钻"牛角尖"的"死心眼"。

写给高三家长的考前心理指导

知识原理

快乐的公式

心理学家马丁·塞利格曼曾经使用了一个简单的公式，来描述影响我们生活中快乐程度的力量：

快乐 = 基准点 + 环境 + 主动思考控制。

基准点是指我们遗传生理基础决定的一些先天倾向，比如有些人天生更少焦虑，更加乐观。环境则是指我们生活中遭遇了什么样的事件，包括环境是否舒适等。而公式的最后一个成分——主动思考控制，是指我们依照需要主动调节自己的思维倾向、转变注意的焦点、变化解决问题的策略等。根据一些研究的量化估计，基准点会起到大约50%的作用，环境只起到10%的作用，而主动思考控制则会起到大约40%的作用。

有哪些考生更容易遭遇负面消极思维的困扰而轻言放弃呢？根据笔者的积累，以下这几个类型的考生需要家长更加小心、提高警惕。

● 习惯顺境型

消极负面的思维并不一定意味着考生总是会愁眉苦脸。有一些人一直都很快乐，成长过程也相对比较顺利，但是他们的世界相对简单纯净，视野相对局限在家庭和学校，阅读量小，对不同的人生了解不多，思维不够深入，比较浅显幼稚。这一类考生在高三面对突如其来、层出不穷的困难挫折时，可能会感到困惑、尴尬、羞耻，不敢暴露自己的负面情绪，并因此陷入持久的困境之中。

● 抱怨型

看到半杯水总是选择解释为"半空"，这种思维倾向被称为负面思维偏差。这种偏差会表现为在一贯的言行举止之中，总是对各种细节感到不满，经常抱怨，比如早餐太简单，路上行人太多。各种生活中的不如意，都会在他们的意识焦点中被关注。有这种倾向自然会使之在高三时，放大各种不如意，导致陷入困境。

● 焦虑型

这类考生的思维关注未来，但是却无法接受未来的不确定与模糊性，于是在他们对未来的想象中，各种危险、失败随时都"埋伏"着。这种持续的焦虑情绪导致

高三春季学期开学——焦虑期

他们会不断地做一些负面的假设或想象。

● 完美主义型

完美主义分为对自己、对他人、对做事的完美主义。而最容易产生负面思维的就是对自己的完美主义。这类考生对自己取得的任何成就都认为还不足够，把成功解读为失败。一定程度上这类考生在高三的困境始于过于狭窄的自我目标设定，当他们的心中只关心最终的高考成绩时，生活中其他的一切都失去了光彩，自然会因此把自己引导到困境之中。

● 随意发怒型

生气发怒很多时候是产生了负面思考之后的一种表达方式。而一些考生会选择各种机会，让自己的怒气发泄到别人身上，这种发自本能的攻击表现不仅无法解决问题，而且可能会进一步加深诱发愤怒的负面想法。随意发怒又分为明显的和隐蔽的。明显的随意发怒就是可以经常发火。而隐蔽的随意发怒是指有一些考生虽然不经常发火，但其实他们只是出于礼仪或社会规范一直在隐忍，或者胆子小不敢爆发出来，而他们在忍不住的时候就会因为一些莫名其妙的理由发很大的火。随意发怒的核心在于是否有生气的理由，并不是简单地看发怒的频率高低。

如果家长发现考生存在负面思考的倾向，在着急改变孩子之前，可以先反思一下自己的家庭特点是否造成了孩子陷入这种困境。以下的评估小工具可以帮助家长识别影响孩子积极或消极思维倾向的家庭因素。

 评估小工具

影响孩子积极或消极思维倾向的家庭因素

父母存在心理障碍困扰，如抑郁、焦虑等
夫妻关系不和睦，家庭存在大量对立和矛盾
父母任何一人属于"习惯顺境型、抱怨型、焦虑型、完美主义型、随意发怒型"
父母教养方式管制多、要求高，对孩子的情感支持低、响应慢
家庭破碎，存在单亲或重组等复杂情况

写给高三家长的考前心理指导

续上表

家庭在近期遭遇重大变故，如亲人离世或经济遭遇重大危机等
家庭生活环境近期发生巨大变化，如搬家等

综合考虑了考生自身以及家庭的风险之后，家长在整个毕业班年级中，需要多创造与孩子沟通的机会，提前和考生聊一聊负面思维，帮助孩子打好心理预防针。

 **指导小工具**

家长用来讲解负面思维的指导语参考示意

有时候我们遭遇了挫折或失败之后，自己已经感觉很不好了，而脑子又好像成了一个尖酸刻薄的恶人一样死都不肯放过自己。至少我曾经碰到过自己对自己说"我真是个笨蛋！搞砸了全是我的错！我永远也挽回不了这个错误！"有时候能意识到这种声音太过夸张，但有些时候我们会相信这种自我指责，即使不相信，也会陷入自我怀疑之中。

这就好像我们走到一个陌生的公司面试，前台告诉我们要去左边第一个房间，我们当然默认前台是对的，于是就去找左边的第一个门，没有看到门上有标签，直接开门进去，结果发现屋子里面黑漆漆的，没有开灯。如果有光的话，我们就会发现门的里面挂着标签"失败、消极、无助、绝望"，可惜我们看不到。这时虽然直觉会告诉我们面试不应该在这个房间，但是我们不一定会采取行动。至少我就曾经在昏暗的房间里等过客户，而且可能还等了很久很久。等我们终于鼓足勇气，打开房门走出这个房间的时候，我们又会觉得自己好像就是一个彻头彻尾的傻瓜。这时，干脆放弃面试、离开整个公司就会成为一个特别有诱惑力的想法，只要逃离了这里，我们就会感觉好一些了。不过事实上，如果这时我们放弃了的话，我们对整个事的回忆就只剩下那间昏暗的、错误的房间了，可能反而会一直回想，放不下这件事。这时，如果我们再去前台问一问，或者推开其他的房间门试一试，可能才是扭转这次倒霉运气的关键。

高三春季学期开学——焦虑期

负面思维毕竟是隐藏在每个人的头脑之中，家长在高三年级更有可能观察到的是考生的具体行为。如果考生在行动上表现出以下线索的时候，家长就应该开始留意了：

- 长时间不完成某个学科的作业
- 在设定了分数目标或者未来选校目标之后，不断降低标准
- 不参与学校提供的额外复习指导
- 总在尝试全新的复习方法，但每一种方法都没有坚持超过一周
- 想要购买很多网课或补习，但是没有计算过这些补习需要的总时间是否合理
- 制订了复习计划或时间安排之后，很快就废除
- 在大考前后，复习状态非常清闲，无所事事

这些行为特征只是值得关注的线索，家长不要急于责备考生，也不要非去和考生辩论这些做法对不对，重要的是在发现这些线索之后，和考生谈一谈，想解决问题除了要关注结果之外，还要关注其过程，考虑更多的解决方法。

不论是数学问题还是人际交往问题，问题的结果往往直观而富有冲击力，因此我们很容易被结果吸引眼球，忽略了解决问题的过程。放弃的想法通常都是在预见到不想要的结果之后，想要规避结果带来的心理冲击或实际损失而产生的。让孩子避免轻言放弃，就要引导孩子在头脑中放大解决问题过程的价值。

 指导小工具

梳理解决问题过程的系列提问

问题	答案
我认为目前的问题是什么？	
我是怎样注意到这个问题的？	
这个问题是什么时候开始出现的？	
我对这个问题的所有想法当中，哪些是事实、哪些是观点？	
我可以和谁聊一聊这个问题？	

续上表

问题	答案
谁有可能帮助我解决这个问题?	
导致这个问题的原因可能有哪些?	
我如果忽略这个问题会发生什么?	
我试过哪些解决这个问题的方法?	
那些没能解决问题的方法为什么遭遇了失败?	
我准备先试试用哪个方法解决问题?	
我另外准备的可以尝试的备选方法有什么?	

在关注解决问题的过程时,家长还可以引导考生认识到解决问题的方案永远都不止一个。导致人们做出放弃选择的一个重要诱因就是,在思维认识上将自己局限于唯一的解决方案,这很容易导致我们的情绪陷入绝望的境地。在整个毕业年级备考的过程中,考生的生活环境相对封闭,每天的生活重复单调。这样的环境很容易导致我们思维的开放性降低,看待问题的方式变得死板教条,局限于"唯一解决方案"。当家长发现孩子有较多放弃的念头时,如果只是简单粗暴地要求孩子不要放弃,那么很容易在情绪上与孩子形成对抗,让孩子产生家长不理解自己的感受。这时家长可以另辟蹊径,先从孩子纠结的学习之外的问题入手加以引导,提醒孩子对任何问题都可以多想一想其他的解决方案。

 指导小工具

头脑风暴放松挑战

这是一个耗时1分钟的小游戏,家长可以邀请孩子共同参与,说明游戏的价值是放松过于聚焦的头脑,给头脑一个开放思考的空间,帮助考生保持联想能力和创造力。游戏规则是参与者轮流为对方出一道题目,要求在30秒内写下尽可能多的答

案，然后再用30秒把答案连成一个滑稽的完整句子。

可参考的题目如下：

一张报纸有什么用途？
一个花园里有一半的花是红色的，为什么？
一个问题的答案是"半圆形"，这个问题是什么？
你的两个朋友发生了矛盾，吵架了，来找你评理，你怎么办？
你的朋友中午午休总是睡不醒，你能给他什么建议？

焦虑期"快问快答"

1. 我想到考试就感到焦虑，这是不是心理素质不好呢？

焦虑不是令人羞耻的事，而是正常反应，不要给自己增加污名化的标签。焦虑其实反而可能会成为提升我们自己，引导自己创造积极价值的"超能力"。

第一种焦虑的超能力转化法叫作价值升华法。

焦虑本来的功能就是引导我们关注未来，为可能的不好结果提前做出准备。而我们可以学会提升自己的心理应对技巧，利用焦虑情绪来推进自己朝着目标前进。焦虑情绪让我们不断地去寻找尚未被解决的问题，不要忽视那些潜在的忧虑，这些其实本来对我们解决问题、靠近自己的目标是有好处的。只是很多人在感到焦虑时，对于如何解决问题想不清楚，甚至本来就连自己的目标都不清楚，沉浸在情绪之中，任由情绪掌控自己的大脑，最终完全忘记或者放弃了自己原来的目标。我们可以在平时做好这样的准备，避免这种情况。

选择好五个价值支柱，比如自主、善良、卓越、安全、效率，或者是公正、冒险、有趣、亲情、能力提升都可以，只要是自己觉得重要的，希望让自己生活中更多拥有的价值都可以。而在感到焦虑的时候，回归到这五个价值支柱，问问自己当前的焦虑是否比自己的价值追求更重要。比如，想到高考感到焦虑害怕，那么可以考虑一下追求的自主其实就恰恰会在高考后很快实现。当我们思考这些抽象的更高层级的价值观时，我们既能够用这些宏大目标来控制暂时的焦虑情绪，同时也可以引导自己的头脑朝着更加理性而非情绪化的工作模式转化。

第二种焦虑的超能力转化法是提升脑海中的自我沟通效率。

焦虑情绪的一个特点就是，让我们在头脑中与自己进行对话，这种对话就是针

高三春季学期开学——焦虑期

对那些可能的不好的结果，不断地有声音提醒自己要注意、要警惕。大部分人因为缺乏沟通技巧的训练，和别人对话都不一定能够把事情说明白，自己跟自己对话就更加一团乱麻了。

可以准备一个情绪日记，记录一下以往感受到焦虑之后采取的行动，以及这些行动带来的后续结果。特别把那些因为焦虑而修正了错误或弥补了疏漏的例子整理出来，用这些正向的积极案例给自己做出好的模板。同时多给自己准备一些情绪词汇标签，避免在陷入焦虑的时候只能用"不开心"这个词来笼统地理解自己的情绪变化。模糊地混为一谈只会带来进一步的压抑，无助于负面情绪的纾解。而细致地区分害怕、痛苦、后悔、嫉妒、自责这些不同的负面情绪，是我们有效地自我沟通并且应对负面情绪的第一步。

第三种焦虑的超能力转化法叫作社交化问题解决法。

焦虑确实有可能给我们的生活甚至身体健康带来一些负面影响，面对这种情况，我们要脚踏实地去解决问题，而且不要忘记寻求别人的帮助，给自己构建一个支持团队，可以是家人、朋友或者同事。每个人对于焦虑的易感性不同，高焦虑特质的人在一个多人共同解决问题的情况下其实会给整个团队带来思维上的多样性，而这种多样性有助于团队创造性地解决问题。

在感到焦虑情绪的时候，首先避免问自己是谁造成的，因为这个问题天然会引导我们把焦虑转化成愤怒与攻击，而是要问自己造成这种焦虑情绪的两个因素是什么。一定要至少列出两个因素，这会提醒我们不要过度简化焦虑，陷入盲目焦虑的状态。然后，我们要问，面对造成焦虑的因素，我们能够寻找除了自己以外的什么人来沟通，获得反馈，甚至获得帮助。这个问题就是我们把焦虑放到多人团队应对的起手式。如果因为任何原因不能信任周围的家人、朋友或熟悉的人，总还是可以选择专业的心理咨询师，请他陪伴自己走上一条直面焦虑、解决问题的积极道路。

2. 总是无法放下过去的成功或失败，怎么办？

每个人心中大概都会有成功与失败的记忆，我们每天的生活工作与学习也会不断地给我们制造新的成功与失败。很多人的焦虑就是源于对成功的渴望以及对失败的恐惧。

写给高三家长的考前心理指导

如何理性地接纳成功与失败，是我们顺利面对生活中各种起伏的必修课，也是通向身心健康的一条捷径。

讨论接纳成功与失败，我们绕不开对成功与失败的界定。这可是一个超级复杂的问题。每个人的心中都有一杆秤，自然会有自己对成功与失败的看法。所谓"汝之蜜糖，彼之砒霜"，同样一件事，在我看来可能是大大的成功，但在另一个人眼中却可能是遗憾的失败。

同时我们的社会始终都存在着强大的文化塑造力和影响力，引导我们去追求公认的成功、逃避公认的失败。不论我们内心如何去界定成功与失败，我们不可能完全排除社会文化的影响，特别是社会文化导向也与我们自身生存的需要紧密关联。非洲人会羡慕酋长家那几千头牛，我们忧愁于房价的时候又会自然地眼红别人手里的几十套房本，而对于亿万富豪们，他们刚刚还在比赛谁先上太空。

可是能够获得社会公认的成功毕竟是少数人，更多人还是在每天的生活中患得患失。那么今天要谈的接纳成功与失败，我们先把目标说清楚，这种接纳绝不是指彻底超凡脱俗，摆脱世间红尘，我们不需要否认社会公认的成功或失败，也不需要纠结于内心对成功与失败的定义，而是需要一种不论面对什么样具体的成功或失败都能让心情回归平和的思维框架。

建立一个平和接纳成功与失败的思维框架，首先就要意识到，我们是怎样被成功或失败迷惑的。牛津大学一位心理学家曾经把我们的大脑基本功能总结为两个，一个叫作追逐，另一个叫作逃避。通常我们追逐的是成功带来的奖励，逃避的是失败带来的惩罚。可是我们有一个思维的局限性，就是注意的焦点比较狭窄，以至于这两个追逐和逃避的功能很难同时工作，所以我们往往就会在追逐成功的时候，眼睛看的和耳朵听的完全聚焦在成功和奖励上，而倾向于忽视任何可能的失败。而反过来，一旦发现无法成功、面临失败，我们又会完全地转换到逃避的思维模式，整个大脑的注意焦点又来个180度大转向，聚焦于失败和惩罚，完全无视失败中蕴含的转机。这种在追逐和逃避之间非黑即白的思维模式，造就了我们人类社会中随处可见的不理性的跟风投机以及恐慌抛售等行为。接纳成功与失败的思维框架的第一原则就是要随时把成功与失败并列思考，扩大自己的注意焦点，关注成功背后潜在的风险以及失败所蕴含的机会。

其次，接纳成功与失败需要我们不论面对什么样的结果，都要引导自己思考下一步的行动。我们在学校的时候，成功和失败往往非常清晰，都反映在分数上，我们自然会相应地随着分数采取下一步的行动。然而遗憾的是，真正的人生在校园外展开后，我们会发现成功或失败不再有一个清晰的界定。这样的混沌感会导致很多人在遭遇了某一次成功或失败之后，并不是因为那个结果本身焦虑，而是因为对于未来丧失了方向感而感到不安。接纳成功与失败的第二个原则就是要帮助自己制订好自我提问的工具，使自己超越一时的成功或失败，聚焦于下一步的行动。大家可以参考以下的四个问题来帮助自己思考。

第一，我现在到底面对什么样的真实状况？

这个问题帮助我们梳理自己所处的环境，自己喜欢或者不喜欢的部分，自己与他人的关系等，内省反思既是我们规划的起点，也是我们让情绪慢下来冷静的一个途径。

第二，我的兴趣、技能、资历和优势分别是什么？

这个问题其实在帮助我们梳理一下自己喜欢做的、自己能做的、自己被他人认可的以及自己真正擅长做的分别是什么。在这些内容中寻找重叠的共性，才是我们真正能够持续投入的方向。

第三，我还有什么缺失的方面或者面临什么阻碍？

迎难而上是我们从失败走向成功，以及从一个成功走向另一个成功的最简单选择。这个问题就在帮助我们判断要解决的难点何在。

第四，我要采取的第一步行动在接下来的一天中，具体表现是什么？

这个问题帮助我们从前面的问题中提取行动规划，并且落实为具体步骤。我们不需要二三十年的宏大构思，而是需要接下来10分钟、1小时以及一天的具体任务。

3. 一直情绪很差，压力很大，感觉都快抑郁了，该怎么办？

抑郁症不是简单的想不开，而是面对那些原本带来开心的事情时，失去了享受这种开心的能力。这种心理根源层面的能力丧失，会通过神经系统、激素内分泌系统影响全身，典型表现包括持久的情绪低落、负面的思维偏差以及身体上的失眠疲劳等困扰。

在我们的一生中，有30%～50%的人在某个时刻遭遇的心理困境会严重到相当于临床诊断的抑郁症水平。因此也有人把抑郁症称为"心理感冒",它很常见,有可能比较轻微,但也有可能会严重到致命的程度。

在高三备考过程中,不要纠结自己是否符合抑郁症的标准,而是要采取措施帮助自己增强心理"抵抗力",具体可以考虑做以下六件事。

第一,保持健康的饮食习惯,让自己的身体保持均衡营养。没有哪个特定食物是开心果一样的神丹妙药,但有研究表明蔬菜坚果中的维生素B12对于我们的情绪调节与稳定有帮助。同时要避免高糖、高盐、高咖啡因的饮食习惯,这些重口味、刺激性的食物虽然短时间内可能会给我们带来兴奋感,但这种对神经系统的刺激并没有凭空变出能量,只是在时间上把未来的活力提前透支了。长期而言是弊大于利的。而且最近一些研究表明,腹部脂肪堆积以及肥胖造成的胰岛素抵抗都和更高的抑郁症风险有关。保持丰富多样的食谱,重视水果蔬菜的摄入量,这不仅可以让我们身材更好,还可以给心理健康提供保护作用。

第二,多做能够接触自然环境与阳光的运动。保持心理健康需要的运动不是激烈的竞技运动,而是那些简单的运动。在运动的过程中,我们的眼睛看到阳光和绿叶,耳朵听到风声和鸟鸣,这些来自大自然的刺激会天然地帮助我们调节情绪,增强心理抵抗力。

第三,避免熬夜。对于心理健康来说,稳定的睡眠节律比具体睡多长时间更重要。早睡早起可能比较难,但我们可以退而求其次,每天选择大致固定的时间上床,提前结束工作和娱乐,做好安静的睡眠准备,争取让自己在第二天伴随朝阳起床的时候能够有7~9小时的睡眠时间。良好的睡眠习惯会为我们每天的生活准备好焕然一新的情绪起点,成为预防抑郁的重要保障。

第四,重视和家人以及朋友的关系。良好的社交关系是降低压力、获得支持的特效心理药方。我们的眼睛看到熟悉的面孔时,我们身体内的副交感神经系统就会有所激活,帮助我们自然地获得平静。而且与家人和朋友的交流会帮助我们获得启发,找到应对生活中烦恼的解决方法。需要注意的是,能起到"心理疫苗"作用的社交通常是面对面的真实谈话,而不是在互联网社交平台上敲敲键盘。甚至有研究表明,过量的手机使用反而是一个诱发抑郁症的风险因素。

第五,在日常决策中不要给自己安排太多的选项。如果你在选择的时候总是想要多探索一些选项,总是在不断纠结一定要找到那个最理想的结果,这种决策方式本身就反映了一定的完美主义与偏执的思维习惯。而这种习惯会带来更多压力，也与更高的抑郁症风险有关。我们可以使用象限画布的方法来化简选项，学习快速决策。就是不管面对多少选项，只考虑两个维度画出 x 和 y 两个轴线，比如价钱高低和性能好坏等，快速地把选项分到四个象限，排除掉三类，剩下的再考虑。这样我们可以化繁为简，有系统地改进自己的判断。

第六，生活中需要给自己安排一些奖励的活动。这其实是借鉴了一种叫作行为激活的心理咨询方法，就是要我们先简单记录一下自己生活中安排的活动，包括各种工作娱乐社交等，然后评价一下这些活动，哪些给自己带来了好心情，哪些诱发了坏心情。最后制订日程安排，有意识地多给自己增加一些带来好心情的活动。道理很简单，但实际使用时需要我们积极思考如何灵活地调整活动的形式，将这些活动自然地融入日常生活之中。比如可以将原来耗时比较多的好心情活动重新设计，变成灵活适应毕业班繁重课业节奏的新形式。能够自然而然地做一些给自己带来好心情的活动，这样的生活才能持续地保持身心健康。

4. 心里总在回想过去的不好的事情，怎么办？

这种回想叫作"反刍式迷思"。反刍这个词本来是指牛羊鹿一类的食草动物把胃里的食物返回嘴里再次咀嚼。在心理学中，反刍是指同样的念头或想法一遍又一遍在头脑中回旋。常见的情况包括在犯错之后不断回想犯错的瞬间，或者在经历了痛苦、愤怒等负面情绪之后不断回忆诱发情绪的那一刻等。反刍式思考一旦出现，会打破我们正常的理性思考，阻碍我们从全局的视角梳理清楚过去事件的前因后果，也干扰我们面向未来、规划如何改正错误或者调整情绪，最重要的是反刍式迷思导致我们无法采取理性思考与行动，沉浸于过去而无法改变。

预防并打破反刍式迷思，需要我们首先区分反刍与反思。回忆过去、反思得失、吸取经验教训，这是我们人类特有的重要学习方法。但是反刍式迷思是一种对过去的无效反思。反刍式迷思最突出的一个特点是在回顾过去发生的问题时聚焦在自己身上。常见的反刍式迷思包括：

"我为什么不能做得更好一点？"

"为什么是我碰到这个问题而别人却没有？"

"我为什么总是这样反应?"

"我做了什么才这么倒霉?"

"之前发生的那件事要是我改变一点做法,可能就会更好一些。"

这些回顾过去的想法,问题核心在于"为什么是我",把自己放在中心位置,而不再是单纯地问"为什么"。这实际上已经失去了客观回顾过去,冷静思考分析的立场,变成了一种针对自己的责备,会使我们放大过去发生的问题中消极负面的部分。一些心理学家认为,反刍式迷思实际上是一种情绪回避的表现,当我们一遍又一遍重复回想一些问题或过去的经历时,我们刻意地让头脑被这种重复的思考占据,这样我们虽然无法找到解决问题的方法,但同时也可以在反刍发生的短期时间里回避问题带来的情绪冲击。长期而言,这种情绪回避由于阻碍了我们真正有效地去思考和解决问题,通常会让我们陷入更严重的焦虑、抑郁等情绪障碍之中。

在区分了反刍式迷思与合理的反思之后,我们可以采取一些行动来打破反刍式迷思。

第一种策略是,在注意到自己陷入反刍式迷思之后,重新构建自己头脑中反复出现的问题或语句,让自己的问题变得更加客观,把自己从问题的中心位置拿开,思考事件本身的来龙去脉。比如,与其问自己"为什么我总是会感到焦虑",不如问自己:"有哪些事情或者规律会让我感到焦虑"。另一个例子是,与其对自己说:"我真希望自己当初选择离家更近的工作",不如尝试改成:"离家更近的工作会给我带来什么价值和感受?"

第二种策略是主动接纳问题,思考解决方案,虽然在短期内可能会遭受更大的情绪挑战,但是主动面对问题让我们不再停留在重复的规避之中,从根本上解决问题。这种主动策略通常包括有计划地向自己提出以下几个关键问题:

- 我当前面对的问题,如果解决了,看到的结果会有哪些?
- 我选择哪个结果作为当前解决问题的目标?
- 我放弃哪些结果作为当前解决问题的目标?
- 想要达成目标可能会有哪些方法?
- 这些方法的优点与缺点分别是什么?
- 我选择的方法可以分解为几个步骤?
- 我当前最容易开始做的第一个步骤是什么?

高三春季学期开学——焦虑期

第三种策略是选择一个有足够思维吸引力的"分心活动"来打破反刍式迷思。大家可以选择一个不太熟悉的动手操作活动，比如搭乐高、织毛衣、捏橡皮泥等。这个活动最好是需要动手的，这样可以防止我们假装在做。同时选择不熟悉的活动是为了避免我们熟练地心不在焉地做这件事。选择做的这件事不需要是我们非常喜欢的，因为我们做这件事不是为了感到快乐或享受，而是为了在沉浸于反刍式迷思的时候让自己通过一个简单的动手活动变得冷静而专注。真正重要的点在于做了这件不太熟悉的动手操作活动之后，我们要开始做一些有建设性的解决问题的活动，比如一些简单但是却被我们拖延了很久的事情。

5. 什么都想要，不想放弃，但是又非常纠结，怎么办？

选择的实质就是放弃。什么都不放弃，就等于没有重点。在放弃的时候，可以运用心理学智慧，既避免放弃带来的消极心态，又保持灵活敏捷的多样选择，让放弃变成一次理性的、建设性的决策。

小到一个人，大到一个国家，都会设定自己想要实现的目标，利用目标激励自己付出努力，引导自己选择应该做的事情。但是我们所处的环境永远都在不断变化之中，于是，我们经常会发现自己原来设定的目标好像太难了，或者虽然好处很多但代价也很大。这些变化都会让我们心中产生想要放弃目标的念头。其实放弃本身并不是绝对不好的，如果一个目标根本无法实现，或者已经随着时间和环境发展变得无关紧要的话，及时放弃目标就是一个理性的决策。

但是很遗憾，大部分放弃的念头总会引发一场情绪"内战"。有了放弃目标的念头之后，我们通常都会在内心上演一场大戏，犹豫、纠结、患得患失，甚至上升为自我怀疑、自我否定与自我惩罚。如果是一个组织的话，那这场围绕着"放弃"的戏剧中就会有更加丰富的冲突元素，有人会说我早知道，有人会喊要抓祸首，至于拉帮结派各种小动作那肯定也少不了。几乎在任何时候，放弃一个目标都不是一件容易的事，而是常常会激发非常强烈的情绪，很容易就掩盖住理性思考，导致一个人或者一个组织陷入内耗甚至冲突。

这种"放弃念头导致的情绪内战"背后的一个重要诱因在于，在信息发达的时代，现代人已经塑造出一种对成功的刻板解读，习惯于用别人认可的成功来定义自己的目标，依靠着大家都追求的结果来定义自己的价值，于是任何一次放弃都难以维持理性决策，而更多地被负面情绪笼罩干扰。

下列方法可以帮助我们在产生了放弃的念头之后，保持理性判断，避免陷入情绪内战。这些方法的共同特征在于，把放弃这种消极负面的心理标签转变为更为积极的建设性含义。

第一个方法，要提示自己，放弃了某个目标不等于改变了自己的价值。我们很容易在心理上放大一个生活决策对自己的影响，把某件事情的成败上升为自己人生价值的寄托。但这种错误的想象违背了一个最基本的原则，那就是每一个完整的人都是高度复杂的，甚至是包含着内在矛盾的，没有哪件事情或者成就能够单独决定一个人的价值。比如说，没考上大学，绝对不等于我这个人在18岁的大好年华就毁了，也许正是因为没上大学，我才有动力去拼出一个不同于千篇一律的人生的精彩。

第二个方法，要给自己设定一句自我激励的警句。问问自己，我放弃了这个目标，是为了更好地实现另一个什么样的目标。把这个不一样的目标，用一句话的方式描述出来，在产生各种负面情绪的时候，记得把这个警句像一个咒语一样对自己复述，让这句话成为一个我们思维可以防守的堡垒，以此战胜自我怀疑、自我批评与自我放弃。比如说，受到大环境的冲击，我们发现经过努力仍然没有能够实现今年设定的业绩指标，但这时我们更要关注有限的客户对我们产品与服务的满意度。只有坚守住满意度，才可能换来口碑，实现未来的改善。

第三个方法，要学会放弃"放弃"这个词语。很多时候我们所谓的放弃，其实只是优先级别的调整而已，是暂时的改变，而不是彻底的放弃。调整优先级别，重新分配时间，重新分配精力，换一种工作方式，这些都不等于放弃原有的目标，而是对实现原有目标的一次优化。从这个角度讲，确实可以很有自信地喊出"永不言弃"的信念口号，因为我们只是在调整路径而已。

比如说，我在高三指导过程中接触了很多想要放弃付出努力的学生，每次我都要提醒他们，学习依靠的不仅是智力，还有如何使用智力的智慧。不论自己成绩如何，不论自己基础多差，总会有一些方法可以帮助我们改善注意力、记忆力、思维逻辑等问题。当前的困境始终都只是方法不恰当而已，还有很多可以提升的机会。

高三春季学期开学——焦虑期

6. 没有达到自己设定的目标，感到很失望，怎么办？

生活中的不如意会让我们心中感觉空荡荡的，对自己的评价也变得轻飘飘的，甚至可能眼睛望向周围的世界和未来的时间都好像隔着一层灰蒙蒙的纱布，持续几天、几周甚至几个月。高三最不缺的就是挫折，面对挫折带来的失望感，我们需要掌握走出来的方法。

走出失望不等于逃避失望。没有人能够一辈子事事如意，失望本身其实是生活必不可少的一部分。如果一个人想要把自己和失望感隔绝开来，那么大概唯一的办法就是彻底对未来不再抱有任何希望，没有希望才能没有失望。可是这样小心翼翼规避失望感的方式，只会把我们的生活变成一个自我禁锢的监狱。人类的大脑拥有的最为神奇的能力就是进行创造性想象，这是我们的天赋，也是无法根除的本能。这些创造性想象在合理的思考引导下，拥有指引我们未来行动方向的伟大力量，所以被称为梦想。有梦想的存在，自然也要承担梦想破碎的伤害。成长的烦恼最核心的体验之一就是从随意梦想的童话年代向梦想受挫的现实年代过渡。所以，成长必须要迈过的一个台阶，就是要理解并接纳失望。

根据心理学理论，失望的感觉一般在这三个特征同时存在时就会出现。

（1）我们面对的是一个存在不确定性的场景，不容易控制结果。

（2）我们希望能够获得一个积极的结果，而且在信念上认为自己应该获得一个积极的结果。

（3）最后的结果超乎预料地比我们预想的更差。

失望一旦出现，会直接带来沮丧、伤心、悲哀等负面情绪，但是失望的独特之处在于"失去"。我们人类的决策会存在一系列直觉本能，其中之一叫作"禀赋效应"，是指我们对于同等价值的东西，如果这个东西不是我的，那么我就不觉得它的价值很大，而如果这个东西是我的，那么我就会不自觉地放大它的价值。而这种禀赋效应的思维直觉本能在失望状态下会特别突出，很容易让我们把失去的东西在头脑中不成比例地放大，进一步让负面情绪变得更加严重。

针对失望这种心态的特点，走出失望需要三个关键步骤：预先选定可控的目标、规避不合理的心理放大、在失望中学习。

第一步，我们在面对任何一个存在不确定性的场景时，要选择真正属于自己掌

控范围的目标，而不是我们无法掌控的目标。

举例而言，参加一场考试，虽然我们都想要得到尽可能高的分数甚至是满分，但是分数其实并不完全取决于我们自己的努力，因为试卷的难度谁也不知道，万一试卷很难，那可能大家的分数都会很低。真正可以由我们掌控的，其实应该是把自己会的题目尽可能做对。

第二步，在遭遇挫折，感到失望的时候，警惕自己心中的思维直觉本能，避免在失望的影响下，过度放大负面感受。

这种心理上的放大，最常见的情况就是把一件事的失利放大到未来所有类似的事情上，比如说：这次考试不及格，以后都学不好了；这次表白被拒绝，我一定会孤独一生了等。这种极端扩大化的思维，在平时我们都能够比较敏感地意识到其中的不合理之处，但是在失望的情绪渲染下，受到禀赋效应的干扰，我们却很容易陷在其中而不自知。走出这种"放大陷阱"的一个方式就是，在头脑中进行思考时，刻意地总是加上时间的限定，把已经遭遇的挫折放在过去，把接下来要面对的未来和过去剥离开。

还有一种常见的不合理的放大，是把一件事放大到代表自己的全部，比如这种想法"我没得到自己想要的结果，这完全是我不够好，不配拥有想要的结果"。把一件单纯的事情和自己的方方面面整体自我关联起来，这种放大也是长时间把我们困在失望之中的一个陷阱。走出这种陷阱的方式就需要我们对自己有足够清晰的认识，多从科学的角度了解自己的性格、气质、动机特点和思维方式，而不是总把对自己的了解停留在星座血型层面。

第三步，在遭遇挫折，感到失望的时候，与我们遭遇任何负面情绪事件一样，我们自身依托思维灵活性对事件的解读，将最终决定我们的情绪感受。面对任何一个失望，请不要急于给这件事贴上一个"不好"的标签，反过来想一想、自己能够从这件事中学到什么样的宝贵经验，给未来的自己留下什么样的提醒。带着这样的学习心态面对生活中的波折，是让我们快速超越失望、增强自身坚韧力的超级万能秘诀。

高考前倒数 50 天——冲刺期

当时间推进到距离高考只剩下50天的时候,考生最需要关注的问题应该从知识积累转变为考试状态调节。因为不论考生当前的水平如何,如果考试状态不佳,无法充分发挥自己已有的实力,那么就会白白带来分数损失。从更长远的角度讲,高考是大部分考生为数不多的应对重大挑战的宝贵经历,如果在高考前不重视状态调节,那么就可能形成不科学的身心习惯,在未来面对更多挑战的时候无法以最佳状态去面对。

在冲刺期,家长穿再红的旗袍以博取好运也只是安慰自己。真正能够帮助考生的是了解并关注两个关键问题:

1. 面临大考,家长需要做好哪些实实在在的后勤准备?
2. 如何跟考生谈谈高考结果,打好"心理疫苗",扫除失败阴霾?

典型案例 5

张三同学（化名）曾经在一次模拟考前的最后一晚睡不着，第二天整个人休息得不好，感觉很困，考试发挥也自然受到影响。这件事，从此成为了他母亲的一块心病。每次只要有考试，母亲就相当煎熬，又很担心孩子睡不好觉，又不敢主动提起这件事去问孩子，就怕自己一提到睡觉的事情，反而揭开了孩子的一个心理创伤，让孩子承受不住，考前更加睡不着。于是母亲就只能在每次考试之后问孩子睡得怎么样，从孩子那里得到的回答总是还好，或者不太好，反正只要考试分数不理想，那么考前的睡眠就大概不太好。这样几个来回之后，母亲心里对这个考前睡眠的问题更加敏感了，在家长群里各种打听，还专门给学校提意见要求改善学生宿舍的睡眠环境。

孩子自己倒是没有感觉到特别直接的困扰，因为他自己说并不是很清楚到底什么程度是睡不着，有时候上床30分钟左右睡着，有时候上床60分钟左右才睡着，也没有刻意看表。那一次模拟考所谓的睡不好，其实他也不是记得很清楚，只是在知道分数不好之后，自己回忆好像是因为前一晚睡着的时间有点延迟，所以就这么一说。后来母亲每次拐弯抹角地关心考前睡觉的情况，他也就随口说说情况，而且如果说睡得不好，还可以给自己偶尔的分数波动找到一个理由，免得老妈又多唠叨。

可惜孩子没事不等于家长没事。母亲越来越关注睡眠问题，以前从来没有觉得住校有什么问题，但是从各种渠道了解到学校宿舍的细节情况后，就越来越对学校宿舍的生活条件感到不满意，包括空调噪声、树枝靠近窗户、隔壁有工地、同宿舍有人打呼噜，各种问题都在这位母亲眼中成为干扰孩子考试的"罪魁祸首"。她一直压着火气，只敢旁敲侧击地跟班主任抱怨一下，不敢直接向学校提出意见，毕竟她知道学校也不可能在最后这个学期做出什么大的变动。在那段时间里，这位母亲

安慰自己的话就是，好在学校到了高考前夕会安排学生放假回家自主复习，在学校睡不好没关系，回到家来条件好了，自然就睡得好了，只要最后高考前能够睡得好就可以了。为此，母亲还专门买了十万块钱的立体折叠床垫，装修了孩子的卧室，安装了双层隔音玻璃等。

其实这位母亲的心路历程是很多家长共同的经历。孩子在考试前会感到焦虑，尚且可以全身心投入到复习当中，让自己有个聚焦点，把注意力转移到自己可以努力控制的问题上来。而家长其实在孩子参加大考之前也会感到焦虑，但他们可就会更难找到控制焦虑的方法，往往会"病急乱投医"，今天折腾吃的，明天折腾床，烧香拜佛干什么的都有。因为家长没办法直接复习或替孩子上考场，只能在旁边围观，心里更加空荡荡没有着落。大部分家长就只会忍着、熬着，带着一个期盼，等考试过去。

然而很多时候事与愿违，这位母亲期盼的考前放假回家自主复习没能实现，因为疫情的缘故，突然需要封校，不仅不能回家自主复习，而且连周末都不让回家了，宿舍里也多塞了一些原本走读的学生进来。一时间家长群鸡飞狗跳，大家都怨声载道。这位母亲的焦虑一下子达到了顶峰，实在受不了了。开始使出各种手段找人、找关系，想办法要把孩子从宿舍"解救"出来。为此不惜专门找到一位医生，开了医嘱，说孩子存在疑似神经衰弱，必须要从宿舍搬出来，回家静养。学校看到有医生意见，也不好阻拦，让家长和学生签了承诺书，保证自愿搬出宿舍后不再回来，而且直到高考都在家自主隔离，然后就让孩子回家了。

孩子回家之后就能睡好了吗？哪有那么神奇的床啊。新的环境总要有个适应的过程，所以刚回来的前一两天孩子也没有感觉睡得特别好。而这位母亲的期待值如此之高，以至于没有睡得特别好在她心中就意味着有问题。于是真的把医生请到家里来，给孩子看诊，想要开点什么药品、补品，调理调理。医生怎么肯随便就给孩子在考试前开助眠的药物呢，只是给孩子口头指导一下要注意心理调节。这位母亲还不满意，又到处找别人给孩子看病，想让孩子睡得好一点。

当这个案例辗转来到咨询师这里的时候，整个家庭已经围绕着回家如何睡更好这个事情折腾了两周了。在临考前最后一个月，耽误了宝贵的两周时光，一半时间都把孩子的注意力从学习和考试拉扯到睡觉的问题上，这很难说是理智的选择。

家长想要给孩子创造最好的条件，这个心情完全可以理解。但是在临近高考时，

所谓的最好条件，其实无外乎一颗平常心。平常心首先来自正常的生活节律，因此家长需要真正掌握科学的框架，知道自己在后勤辅助方面的哪些事情上应该有所为、哪些事情上应该有所不为。其次，平常心来自对考试结果的超越，因此家长应该和孩子谈谈高考后的人生发展，不要让孩子把高考失利当做人生的终结。这就是前文提到的为什么家长应该了解并关注两个关键问题：1. 面临大考，家长需要做好哪些实实在在的后勤准备？2. 如何跟考生谈谈高考结果，打好"心理疫苗"，扫除失败阴霾？

关键问题9

面临大考，家长需要做好哪些实实在在的后勤准备？

临近高考，考生和家长的心情都开始变得紧绷起来。在冲刺阶段，考试所需要的心态简而言之就是稳定的冷静与专注。而导致考生与家长出现问题的常见诱因就是眼睛和头脑都只盯着一个狭小的局部，把问题割裂出来，失去了整体的大局观。为考试做准备，绝不是单纯地背书复习，而是要整体地做调整，关注考生以什么样的"精气神"迎接考试。

精，是指精力的储备，要养精。不要忘记身心是一个整体，不能把考试和我们自身整体的身心健康割裂开来，为了考试牺牲睡眠、放弃运动，这都是本末倒置。

气，是指情绪的调节，要顺气。不要忘记家长和孩子共同组成了家庭这一整体，把考试和家庭割裂开来，那就可能导致家长变成了监工，家庭陷入"情绪内战"，大家心气都不顺的时候，考试肯定会受到负面情绪的干扰。

神，是指思维上要抓住关键，要凝神。请大家不要把考试和一个人整体的教育成长割裂开来，只盯着眼前的考试就很容易把握不住真正的关键。其实冲刺这个词本身就反映了这种思维误区。冲刺暗示着存在一个终点，可是考试结束，冲刺完成之后难道我们就不继续学习了吗？过于短视就会使得我们在思维上抓不住关键。

知识原理

家长为什么要首先调整好自己的精气神

人与人之间的情绪是会传染的，我们看到别人的表情、动作、身体姿势、或听到语音语调，所有这些细节都会让我们变得更加积极或者更加消极。美国罗切斯特大学的一位心理学家弗里德曼曾经做过一个实验，两个人在一个屋子里共处5分钟，你的同伴如果是积极上进、高动机的，你自己的动机和任务表现也会变好。反之，一个动机不足的同伴则会拉低你的表现。这种传染式的影响，即使在两个人相互不说话，彼此做的任务完全不同的情况下也会发生，而且只需要短短5分钟。

在考前，家长可以协助考生，做好养精、顺气、凝神的后勤准备。

在养精保证身心健康基础的方面，考生需要稳定的生活节律。按时按量安排运动，按时按点睡觉起床。

而对于家长而言，在饮食营养方面，需要注意均衡搭配，不要刻意在考前大补反而导致无法适应改变。现代都市人的普遍问题不是缺乏营养，而是营养过剩，成分不均衡。有些家长变着花样给孩子做好吃的，今天鸡腿，明天猪脚，后天牛腱子，但其实吃来吃去，营养成分仍然是单调的。需要丰富多样的不是食品而是营养成分，也就是碳水化合物、脂肪、蛋白质、纤维素、维生素这些成分的均衡。我们吃下去的食物到了肠道里，我们身体还没吸收的时候，先被肠道里的细菌吃掉好多。如果营养成分不均衡，那么肠道中的细菌种群以及整体生态就会不平衡，有益菌过少，有害菌过多。这些所谓的有害菌本身会刺激我们的身体，影响我们的健康，甚至会通过在肠道区域密集分布的自主神经系统反过来干扰我们的情绪。有研究表明，肠道细菌群落的类型与抑郁、焦虑等心理障碍都有关联。大家也应该经历过，如果胃口不舒服、消化不良，那段时间的心情也会感觉阴沉沉的。

在睡眠方面，家长可以帮助孩子优先做到按时上床睡觉，按时起床，因为形成稳定的节律比单纯多睡觉更重要。同时要注意在睡觉前安排一些帮助自己平静下来、放松的活动，避免睡前长时间看手机，保持良好的睡前卫生习惯。而在起床之后安排一些帮助自己兴奋起来、清醒的活动，养成习惯，给自己一个稳定的身心节律。

在顺气方面，想要调节好情绪，关键不在于避免负面情绪产生，而是要在产生了负面情绪之后，选择合理的、建设性的方式来纾解情绪。常见的非建设性情绪宣泄，通常就是指责别人，我们本能地想要在不开心的时候问一句，谁造成的？把问题归因到别人身上，但这种指责通常都只会制造更多负面情绪。合理的、建设性的方式有很多，其中一条就是把家庭当作一个整体，大家多沟通、多交流。焦虑也好生气也罢，很多负面情绪憋在心里就可能剪不断理还乱，而说出来的过程本身就是在梳理情绪，也是一种健康的宣泄。

在凝神的部分，考生和家长都需要抓住思维上的关键。考试属于教育的一部分。单独盯着一次考试，我们又不知道考什么题目，考得多难，那我们当然容易患得患失、忧心忡忡。但是回归到教育这个整体，我们就要超越一次考试的内容，多关注自己在应对考试的每一个时间节点该做哪些具体的事情。比如我在考前一晚要怎样安排，什么时间睡觉；在考试当天早上我怎样让自己起床，起床之后要做些什么活动让自己真正清醒起来；在出发去考场的时候我应该做好哪些准备，清点好哪些物品，针对防疫的一系列检查措施，我要提前在头脑中做好演练。而在进入考场，坐在座位上之后，我也要给自己准备好该做什么样的积极想象。等待开考的10～20分钟，很多人无所事事，没有任何准备，那就容易浮想联翩，做白日梦导致分心无法进入专注状态的情况。对于家长群体，思维的关键只有一个，那就是要时刻想清楚，不论考试结果如何，孩子总还是自己的亲骨肉，感情是不会因为成绩而变化的；同时，不论去了什么样的学校，教育总是在继续，只要我们不放弃努力，总是有学习的道路等着我们去开拓。家长带着这个信念才能避免比孩子还焦虑的状况。

满足考试需要的健康积极精气神并不是求神拜佛换来的，而是在日常生活中通过点滴习惯养成的。在冲刺期的生活作息与习惯方面，并不存在某一个绝对好的睡眠时间或食谱。家长可以参考的黄金标准是：当前考生的生活习惯，能不能在正式高考的三天当中坚持？举例而言，不论考生习惯在晚上10点早早上床睡觉，还是非要熬夜到凌晨3点才睡，家长都可以问一问考生如果明天正式高考他准备几点睡，然后提醒他要调整自己现在的上床时间，使之慢慢接近考试所需要的上床时间。

评估小工具

家长协助考生做考前生活习惯自检

起床时间？
上床时间？
是否午睡？什么时候午睡？
每天做什么运动？
需要放松的时候做什么？
睡前2小时有没有结束那些过于复杂、令自己过于兴奋的活动？
睡前1小时内有没有安排一些安静的过渡活动？
睡前有没有稳定的个人卫生习惯？
饮食安排上在碳水化合物、蛋白质和脂肪三个类型中有没有缺少哪一类？
早上做什么让自己清醒？
上午有没有安排最重要的复习任务？
下午有没有在3点（高考开考一致时刻）训练自己调整为专注状态？
晚上有没有反思一整天有什么收获？
每个周末有没有家庭集体的交流沟通或放松安排？
每周一开始时有没有制订一周的计划？
当前的生活习惯中有哪些习惯不适合在正式考试的三天中继续坚持？
如何调整现有的习惯，让考生的作息逐渐接近正式考试的三天需要的节律？

写给高三家长的考前心理指导

指导小工具

白天激活精神提高专注度的关键细节

时刻	细节示例
早上起床	自己定好闹钟,要让起床变成自己在主动控制的一个过程,避免让自己的精神状态处于一种漫无目的的自动化状态,要让我们重新坐在驾驶座上
起床后的精神激活	限时30秒到90秒,自己做一些小的运动刺激,可以拉伸四肢,也可以活动手指,关注身体的感觉
早餐	提前做好准备,让早餐变成一个有期待的、可以选择的、可以有丰富组合的奖励活动
精细的冷水洗脸仪式	把冷水洗脸变成一个精细的仪式,特意准备好冷水,调整好水温,用盆装好。双手把水捧起来,让水接触到脑门,然后是面颊和鼻子,注意要让水没过鼻尖,让自己刻意屏住呼吸,感受冷水给面颊带来的温度
走到教室的路线创新	每天不论是从家走到教室还是从宿舍走到教室,利用好这宝贵的自由行走时间,不要每天重复同样的路线,不走平常路,刻意多绕一点路。在新的路线上多用眼睛、耳朵、手和鼻子,留意新鲜的视听触嗅刺激
坐在座位上的最初30秒的有目的行动	避免没有任何安排的等待,要让自己刚刚坐下的30秒立刻就有非常具体的目标,做主动的思考,可以选择用眼睛扫视整个教室,发掘新鲜的细节
中午吃饭前的活动	在开始吃饭之前安排5分钟的散步等相对轻松的活动,重点在于不要一直坐着,把吃饭当成整个上午学习活动的延续

家长的理解、宽容以及支持对于考生在冲刺期的状态至关重要。即使是成绩非常优秀、发挥非常稳定的考生,也可能在考前遭遇信心危机。这时家长可以回顾本

手册的指导，再次温柔地提醒考生，要唤醒内在的力量来应对负面情绪，鼓励考生做积极的正面思考。家长需要注意的是，提醒不等于唠叨。同样的话语在重复第二次之前，请家长给自己按下一个暂停键，反思一下为什么第一次说了没有被考生接受，以及第二次应该如何稍稍改变一点说法让考生更有可能接受。一次又一次重复同样的信息，通常只会给考生传递一种绝望的氛围，增加考生对家长的轻视与对抗。

家长要学会运用多种形式来表达自己的爱意。笔者曾经接触过一个案例，那是一个来自贫困山区农村的学生，留守儿童，父母常年不在孩子身边。当这个学生第一次来到广州求学的时候，面对大城市的生活以及重点中学的学业压力，产生了很大的信心危机。但后来在多方支持下，逐渐克服了困难。他曾经分享在自己的转变过程中，所感受到的来自父母的爱意和支持。他父母文化水平不高，偶尔跟他打电话主要时间都在骂他不好好吃饭，太瘦。这就是他们表达关心和爱的方式。但他们会在自己打工的厦门，把各种报纸杂志上有广州两个字的文章剪下来，保存好，不定期地寄给自己的儿子。那个学生自己说，他看到报纸，皱巴巴、脏兮兮的，可能是捡来的，他就感受到父母沉甸甸的感情，就会涌现出非常巨大的动力。

这个例子对于那些工作繁忙，即使在冲刺期也无暇陪伴考生的家长尤其重要。爱不是以时间和距离来衡量的，文化层次也不会成为爱的阻隔。就算家长完全没有时间去亲自陪伴孩子，仍然可以选择以自己的方式，向孩子表达爱意、关注和鼓励。表达爱意，可以说出口，也可以做些事情，越是一些看起来没有实际功能的小事情，可能反而比那些好吃、好玩的更有意义。可以选择的表达爱意与支持的方式包括写信、留便条、打电话、点外卖等。

有些家长会选择在临近考试的时候给考生承诺，要在考试成功后提供物质或金钱的奖励。这种方式确实可能会激发某些考生的动力，但是家长如果关注考生更长期的生涯发展，就应该对这种物质奖励非常谨慎。当前很多考生已经相当缺乏内在动力了，再继续用金钱和物质来刺激的话，可能更加使得考生失去对自己负责的独立意识，也让家长的关心与支持从无条件的爱变成了有条件的交换。

在接近高考的冲刺期，家长应该特别留意管理好自己的言行，避免将考生与别的学生进行比较。家长能比较的信号通常只有考试成绩，而考试成绩对一个人的评价永远是非常有限的。只要考生能够对自己的行为负责，不论考试分数多少，都应该得到鼓励。

写给高三家长的考前心理指导

指导小工具

表达爱意的亲子放松动作

适合家长为考生做示范，邀请考生共同尝试，用于在冲刺期释放压力，调节心情。

放空情绪排除杂念的动作准备
1. 舒适地坐好，商定一个平心静气的休息时间，设好闹钟
2. 闭上眼睛
3. 感受全身，将注意力从脚尖开始一路向上直到头顶
4. 用鼻腔进行深度缓慢地呼吸
5. 可以调整身体的姿态，让自己保持舒适放松

释放身体积累的疲劳与紧绷
1. 舒适地躺下
2. 从脚尖开始，用力收缩脚尖，然后用力弯曲脚踝
3. 在用力的同时缓慢吸气
4. 在吐气的同时，放松脚尖和脚踝
5. 缓慢吸气的同时，让大腿紧张起来，用紧张的大腿肌肉收紧膝盖
6. 吐气同时放松肌肉
7. 重复上述过程，将收紧与放松的肌肉一路向上，直到面部的小肌肉
8. 将全身的肌肉同时尽量紧绷，同时吸气
9. 吐气，同时让全身肌肉尽量放松
10. 让注意力伴随自己的呼吸，想象压力随着肌肉的放松释放出身体

舒缓颈部的酸痛
1. 收紧下巴，让下巴尽量靠近胸部
2. 缓慢地向右边转动头部，让耳朵靠近肩膀，不要耸肩
3. 保持这个姿势，同时稍稍让自己的下巴轻轻朝前和朝后移动，感受肌肉
4. 让头部从侧面回归到正对前方的位置，上下缓慢运动
5. 让头部缓慢环绕一周，感受肌肉拉伸，选择一个舒适的位置，做一组呼吸
6. 转换方向重复第5个动作

续上表

> 恢复冷静的蜷缩动作
> 1. 坐在椅子上,身体保持正直,拉伸上身
> 2. 将双手放在膝盖上,做3组深呼吸
> 3. 伴随吐气,让自己后背弯曲,把下巴送到胸前,肩膀也向前内卷
> 4. 吸气,并让脊柱恢复正直位置,胸部向前挺,肩膀向后用力扩展
> 5. 重复第3和第4个动作
> 6. 全身向前,让肚子贴近大腿,让双臂自然下垂,双手尝试抱住小腿或双脚
> 7. 保持全身折叠蜷缩的姿势,做3组深呼吸,想象自己身体在缩小
> 8. 伴随吐气,让身体恢复正直姿势
> 9. 重复折叠蜷缩的动作,让自己感受到安全与受到保护

在冲刺期,很多考生会陷入"末日情节"中,总在感慨时间不多了。这种末日情节的背后是一种期望赶快考完的急迫心情。一些对自己成绩不满意的同学会在这个时候感觉反正时间也不够用了,没希望了,干脆就放弃了,还不如赶紧考完了能够放松一下,至少不用这么累。另有一些成绩比较好的同学也会沉不住气,希望赶快考试,因为他们怕夜长梦多,担心自己的成绩和状态出现波动,希望能够趁着成绩比较好的时候立刻就考试,锁定自己的优势。

这种想法本身就反映出考生对复习的方式理解非常单一。如果复习只是刷题,那么确实剩下的时间不多了,能做的题很少了。但是其实越接近最后的大考,越需要不依赖做题的复习方法。

 指导小工具

不依赖刷题的复习方法

> 1. 发声复习
> 如何确保自己是真的懂了?光会背定义是不够的。一定要尝试把自己以为会的东西发出声音讲出来。自己听听自己的声音,哪里顺畅,哪里卡顿,这会给你自己提供一个反馈。如果发现自己一出声就讲不清楚,这就说明你头脑中的知识还不够清晰。
> 家长可以邀请考生把一些基本概念陈述出来,留意考生表达不流畅和不符合逻辑的地方。

续上表

2. 为人师

真正会做题的人不仅仅能写下答案，还能够给别人讲清楚。很多学生只会机械地使用题海战术进行复习。这套方法在初中应付中考还可以，但是套用到高中就不太适用了。因为高中知识更多、更复杂，彼此关联很密切，用套路解题对于简单题目还可以，但是对于综合题目肯定不行。综合题需要一步一步寻找到解题的突破口，需要考生在平时练习时注意对每个步骤的选择进行有意识的反思和总结。

家长可以邀请考生给自己讲解做题思路，看看不会的题目走到哪一步卡壳。

3. 对错题做统计

错题总结是几乎每个老师都会要求学生做的事情，但错题本就好像旅行时拍的照片一样，大部分时候只是存档而已，考生不会看的。其实错题本关键不在于把每一道题的正确解法记下来，而是要帮助自己找到错误的规律。哪怕粗浅的规律，比如我总是选择题出错，这样的发现都是好的。知道问题在哪里，至少可以在下次考试时调整自己的时间分配，如果能在复习时针对性地采取练习就有可能弥补漏洞。

关键问题10

如何跟考生谈谈高考结果，打好"心理疫苗"，扫除失败阴霾？

如果考生在高三毕业班一整年都忽视了锻炼自己克服困难、迎接挑战、接纳成功与失败的心理训练，那么不论高考成绩如何，恐怕都是一个巨大的损失。高三一年几乎全都用来复习和模拟考试，所以单纯从知识的角度讲，考生新的收获很少。

在最后的冲刺期,那就更加缺少新的信息输入。这个时段,正是家长帮助考生补上如何看待挫折和失败这一课的宝贵机会。这也是在针对高考后的各种结果提前给考生打好"心理疫苗"。高考结果不论如何,都只是考生在18岁人生刚刚开始的一次考验。考好了不等于人生圆满,考砸了不等于人生完蛋。

如果家长在冲刺期只想跟考生说吉利话,不想让任何高考后失望的可能进入脑海,那么您可以放下手中的这本手册,直接去找寺庙求神拜佛。生活自然而然地会给每个人带来风风雨雨。否认未来的可能性就等同于把脑袋埋进了沙子里的鸵鸟。

理性的家长应该会希望自己的孩子有足够的心理容量去接纳可能遭遇的损失,而谈论可能的挫折与失败本身就是帮助考生锻炼心理韧性的关键措施。当然,家长不要期待这个过程是一帆风顺的,没有哪个孩子天生就能直面失败保持微笑。但是在家长合理的辅助和引导之下,孩子终将学会他们不可能永远都心想事成,万事如意,也不应该指望每个人都照顾自己的感受。

家长在冲刺期与考生讨论高考结果的时候,有时会尝试说服考生那些可能出现的负面结果其实没那么坏。比如说数学不会做,没关系;作文跑题了,无所谓。考不上大学,更好。这样的说法第一脱离现实,第二是在否定考生真心在意的事情,只会让亲子之间对话终止、无法深入,也无法改变考生对那些不好结果的担心。

真正能起到心理疏导和预防作用的做法是:通过共情,理解考生在当前的预期,帮考生在头脑中想象对未来的完整的理解,使其为想象中的失败构建更加积极的预期。考生对潜在失败的想象通常包括两个部分,连接在一起构成一个等式:"我不能遭遇某种失败,否则我就会怎样怎样。"比如"我不能高考考砸,否则我就找不到好工作了""我必须在同学和老师面前保持高分,否则所有人都不会喜欢我了"。其实考生期待更好的表现,希望追求某种形象,这些都是合理的想法,追求收益、规避损失,这是我们的本能,也是发自内心的驱动力。在对失败理解的前半部分都是正常的,出问题的部分在等式的后半边,也就是某种失败的后果与结论。不良的失败预期对应永久的固定的后果,而改造后更积极的失败预期,应该对应暂时的、可变的后果。这就是家长可以给考生提供的心理疫苗。

写给高三家长的考前心理指导

评估小工具

与考生共情，理解其内心对失败想象的工具

需要补充完整的句子	你的想法
我本来想要……	
但是我得到了……	
现在我感到……	
因为我无法……	
我能控制的部分是……	
我不能控制的部分是……	
我下次可以做的改变是……	

在分析考生如何理解失败的基础上，家长下一步的目标就是要引导考生学会更加精确地失败，方法是通过提问引导考生思考而不是直接提供答案。那些在失败后一蹶不振的人通常都是在心中对成功的理解非常狭隘的；而那些心智坚强面对失败仍不放弃的人，通常都掌握着一个心理秘籍：扩展对成功定义的边界。定义越狭窄的成功越难以达成，而宽广灵活的目标才能支撑一个灵活的、不断坚持的实现过程。

指导小工具

针对挫折与失败的引导

接纳与共情	你现在恐怕感到很失望，我能想象你会多么在意这件事。等到你准备好的时候，我想听你说说，我想理解你自己现在是怎么看待这件事的，也想知道这对你意味着什么
定义目标	你最初期待发生什么？如果按照你的设想实现了，这对你意味着什么？

高考前倒数50天——冲刺期

续上表

从失败中学习	你觉得这里的失败到底在哪一点？是全部还是某个部分？你现在比之前多知道了哪些信息？有没有什么你觉得可以改变的地方？
回顾起点与过程	最开始的时候你是什么状态？你从什么时候开始在意这件事的？你为实现这事做了什么？你现在进展到什么程度？
重塑积极理解	有什么值得庆幸的地方吗？这个变化带来了什么新的机会吗？在这件事中你觉得自己表现出什么优势了吗？
识别真实与想象的后果	你心里觉得这件事最坏的结果是什么？你觉得这有多大可能发生？你觉得现实一点想还有什么可能？
找到失败中的成功	这件事有没有什么好处？这件事有哪个部分让你感觉顺利或者有用吗？
去标签	我理解你的不开心，不过用这个名字称呼自己或别人你觉得合适吗？我们尝试把这个名字替换成一个动词行不行？
去泛化	这一次的事能代表你的全部吗？未来可能会发生什么变化吗？
给失败一个更准确的命名	我们能给这件事换个名字吗？这是一个能学习什么的机会呢？怎样庆祝你的人生又完整了一点？

考生在冲刺期面对的失败恐惧中，一个显著的成分就是对别人表现超过自己的恐惧和嫉妒。嫉妒实质上包括了对自己的失望以及对他人的愤怒与攻击。然而考生越是花费时间盯着另一个人，就会越容易失去对真实问题的把握，浪费时间，破坏心情，还会导致自己的狭隘品行暴露在所有人面前。

 评估小工具

我是在嫉妒吗？

到底是更想自己得到？还是不希望对方得到？
这件事对我最重要的是什么？

续上表

我本来预期如果自己得到了,结果会发生什么好事?
有什么其他方式实现那个好的结果吗?
得到那个好结果,必须要通过这件事吗?还是说这件事只是锦上添花?
这件事对于实现这个结果,到底是有长期的影响还是只有短期的影响?

 **指导小工具**

纾解嫉妒感的冥想指导语示意

　　嫉妒是一种很难受的感觉,我们好像完全不像自己了。也许我们会不喜欢自己,觉得别人拥有的才是最好的,自己却什么也没有。这就好像有人把我们自己最宝贵的东西都抢走了,比如我们的优点,或者我们觉得自己有价值的地方。嫉妒让我们暂时感觉不到任何价值,完全聚焦在那个我们没有的东西上。不过在我们忙着与别人比较之前,别让自己空着手去战斗。我们还是整理一下自己的"内心仓库"吧。真正属于自己的价值,永远都是发自内心、取之不竭的。让我们稍稍冷静一下,先回到内心,回顾一下属于自己的优势吧。当我们重新感觉到内心的充盈之后,我们再来重新思考。关于这个让我感到不爽的人,如果我和对方互换一下位置,我还会觉得抢夺这个东西是合理的吗?我会觉得公平吗?我会觉得别人应该对自己生气吗?关于这个想要的东西,我真的需要这个东西吗?这东西到底有多重要?我在几个月后还会想要这个东西吗?几年之后呢?有什么我自己能做的事情可以让我不去抢夺也能获得这个东西吗?

冲刺期"快问快答"

1. 考前冲刺有哪些常见的心理陷阱?

第一个心理陷阱就是忽略心理调节的重要性。

考试从来都不是单纯比拼智力高低或知识储备,在一个有限时间里高强度地回答问题,这是一个典型的压力测试,会对一个人的心理调适与身体素质等非智力因素提出相当大的挑战。面对重大考验时能否克服紧张焦虑等负面情绪的干扰,发挥自己应有的水平,这是一个人所谓心理素质最突出、最重要的表现,对人的影响远远超越任何一个考试。

高考就算分数不理想,只要我们不放弃努力,我们还是可以给自己争取到其他的机会,错过了理想的学校,可以准备考研、准备留学;没有进入梦想的专业,可以想办法转专业或者直接去考取相应的职业资格认证。我们现在的社会给努力的人提供了相当多的拼搏机会,但是任何一个机会都会要求我们有足够的心理素质从容地应对考验,发挥自己的真实水平。

第二个心理陷阱就是,把对考试结果的重视转移到考试本身,把考试当天在心理上特殊化,结果反而放大了负面情绪波动。

比如高考和中考决定了一个人下一个学习阶段能够在哪个平台付出努力,这个结果当然对人生有影响,值得重视,但结果重要不等于考试那天就要特殊。对于最终的考试结果而言,其实高考和中考的当天,和我们在整个高三、初三复习过程中的每一天相比,重要性是相似的。

如果我们复习的时候每天都放任自流、不去积累,那考试的一两天再怎么拼也不可能考好。反之,复习时每一个点滴的努力、做过的每一道习题,都会在实际考试过程中有一个复现的过程。这样的思考才能让我们真正理解,什么叫以"平常心

态"进入考场。真正认识清楚高考也好中考也罢，任何重大考验都不是仅仅在一两天的答题中体现，而是一整个复习考试的过程。让自己以正常生活的节律来安排考试的那一天，让自己以平稳的心情来走进考场，这是考前心态调整的一个要点。

第三个心理陷阱就是，我们会把以往的成绩等同于自己的真实水平，陷入过度自信或者更多是过度自卑的陷阱之中。

整个复习过程中，所有考试都是模拟考，分数和名次都只是指导我们的复习方向而已。而且，复习中的排名我们看得到的大多是班级中、学校中的排名，这个名次其实是没有意义的，因为高考和中考都是在全市、全省等更大范围内进行排名的。所以考前心态调整需要认清楚以往成绩的实质，避免背着包袱进考场，不能过多琢磨分数，而是要踏实准备考试。

其实，考试分数和名次根本就不是考试的结果。高考中考的结果都是决定我们下一个阶段去哪个平台继续付出努力，考进任何一个学校，学生都会因为自己的付出而发生分化。学校内的差异其实比学校之间的差异更明显。考进北大清华的高才生，每年也还是有退学的。认识到人生的关键在于自己如何付出努力，这样我们才能不被分数和名次的"烟幕弹"干扰。

第四个心理陷阱，就是把整个考试想象为一场从头到尾、行云流水的直线式体验。

这个心理陷阱会带来很多错误的应试技巧，比如有同学从来都老老实实按照卷面题目顺序来答题，遇到难题不会跳过，导致答卷时间不够用。还有同学在做考试中时间规划的时候，严丝合缝地把时间分段，按顺序留给不同题目，完全没有预留任何机动灵活的时间。这些都是由于我们在心理上把考试想象成一条顺畅的直线，但其实考卷作答是整体化的，是有很多折返往复的，因为题目和题目之间还有可能彼此构成启发的线索呢。这个直线想象的心理陷阱对一部分成绩优秀的学生影响更大，因为基础很好，所以以往考试曾经体验过顺畅的势如破竹的感觉，于是把这种偶然上升为理想状态，而一旦遇到不顺畅就对自己产生了怀疑，觉得这次状态不好。

破除这种心理陷阱的方法，就是要给自己重新梳理考试的目标定位，每一次考试最需要关注的就只有两件事：把该拿的分数尽量拿到，把不会的题目想办法理解、转化为会的题目。这样思考会帮助我们的思维上升一个层次，超越考试中遇到的障碍。

2. 感觉压力很大,但是不想和任何人讲,怎么办?

感觉压力大,但不想和别人讲,可能有很多顾虑,在高考临近的时候也不必强求自己做出改变,可以尝试用自我对话的疏导方法,自己帮助自己。

第一个步骤,我们可以在头脑中回顾当前让自己感到压力的大事小事,也可以在纸上把它们罗列出来,但是这样做的目的不是为了看到有那么多的任务没有完成,有那么多的困难阻碍没有消除,而是为了检查并发现我们因为压力而产生的一些不理性的、扭曲的错误想法。回归平静的自我对话实质上是一种自我思维学习的过程。

看着那些带来压力的事情,首先我们要问自己:"我是不是从来没有想过对这些事情进行困难度以及急迫度的区分?"不去精细地检视每一件事情,笼统地只想到事情多、事情难,这是焦虑和压力带给我们的第一道滤镜。

第二,我们要问自己:"我是不是过多地去关注所有压力事件中最突出、最困难的那些部分,忽略了相对容易的其他部分呢?"焦虑和压力让我们的注意力聚焦在最突出的危险上,这种本能会导致我们过度放大当前的困难而陷入情绪漩涡无法自拔。

第三个可以自我检视的问题是:"我是不是只看到带来压力的事情,没有思考我能够获得的帮助和支持呢?"困难险阻总是新的,而我们最常依赖的工具却注定是熟悉的、平凡的,于是困难和助力两者能够抓取眼球的力量就总是不平衡的。这种只看到跨栏很高、不多看自己双腿的思维误区在焦虑与压力的情况下经常出现。

以上三个问题是自我对话的第一步骤,引导自己理性思考给我们带来压力的事件。

而第二步骤则是要引导自己理性地关注自我。外在的事情永远是浮云,想回归平静的思考学习始终都要回归到自己的内心。

关注自我的第一个问题是:"我是不是在用一个不属于自己的成功标签来评价自己?"很多焦虑压力都来自患得患失,背后的诱因在于我们习惯于把其他人的评价等同于自己的成功,用一个个光鲜亮丽的标签来定义自己,在追逐其他人认可的过程中反而忘了自己到底想要什么。失去了内在的、属于自己的成功定义,我们一旦面对压力,头脑中常常会跳出一个小人,不停地批评自己,怀疑自己,恐吓自己。这也是一种自我对话,但它是充斥着负面情绪、非建设性的。应付头脑中这样一个小人,最根本的方法就是要识别他的伪装,不要以为自己头脑中的声音就是自己的一部分。这个上蹿下跳的所谓"自我批评者",可能根本就是来自别人强加给自己的想法。审视自己的成功标准,是超越破坏性自我批评的一个起步动作。

关注自我的第二个问题是:"我有没有善待自己,关心自己的成长?"这个自我审视问题就是在不断引导自己眼光长远一点,超越当前的困难,以善意看待自己,追求自我成长与变化。可以把这个问题再进一步精细地拆解为以下几个:

"我今天需要做的而且是我能做的事情当中,如果只是为了迈出一小步,我该选哪个任务?"

"如果我选择用不那么完美的方式来做这件事,有什么可能的选择吗?"

"我是不是该换一种方式来理解当前的情况?如果我给一个孩子用故事的方式说明现在的情况,我该怎么向他描述才不会吓到他?"

这些问题都会帮助我们亲和地安抚自己,关注未来的成长。

3. 进了考场就会感觉心跳加速,有什么让自己冷静下来的方法吗?

如果我们听到一句"要冷静"就真的能够立刻做到的话,那我们不是已经足够冷静了吗?这种要自己的大脑先冷静才能冷静的怪圈,就好像是要让自己抓着头发把自己的身体提起来一样,听起来简单,做起来却难于登天。

面对突发情况镇定自若、条理分明的人从来都是少数。秘诀不在于遇到突发情况之后,而是在于平时对自己的心理训练。

第一个训练就是要学会接纳理解自己的负面情绪,而不是陷入和自己本能的对抗。突发情况带来的焦虑、恐惧或愤怒,本身是我们人类在进化过程当中形成的自我保护机制。有重要的事情该做却没做的时候,持续的焦虑感虽然令人不舒服,但它却会持续提醒我们要采取行动。例如,有人拉着我们要在高速公路上骑自行车的时候,恐惧会震慑住我们,阻止我们接近危险。而愤怒则是来源于我们重要的食物、财物或者名誉等社会资源遭到侵犯时的自我防御。这些情绪反应本身就是一种快速的、不需要多加思考的应急预案,它天然就会在遭遇突发情况之后接管我们的大脑,替代较为缓慢的理性思维,直接通过交感神经和副交感神经指挥我们的身体做出反应。如果我们以为所谓冷静就是完全没有情绪的话,那恐怕我们采取的任何方法都会让我们变得不像正常人类。历史上曾经有医生使用钢针从病人眼眶插进大脑前部,

以此来治疗精神分裂症,而著名的美国前总统肯尼迪的妹妹罗斯玛丽就曾经因为智力障碍导致其常常在大街上污言秽语,结果被家族安排接受了这种手术。手术后,人确实变得安静了,但这是不正常的,这是一种失去了自我生活能力的安静。

第二个训练是很多专业人士不断在做的——变突发为常态。就是通过专业的积累和预判,把各种突发情况提前做好梳理,将突发情况的应对做到训练有素,自然不会陷入非理性的情绪漩涡之中。而我们普通人也可以利用这种思路,在生活中,留意观察自己经常因为什么事件陷入突如其来的情绪冲击,然后预先在自己的头脑中进行想象演练。我们自己的大脑才是最强大的虚拟现实机器,在想象训练中我们可以帮助自己做好技能和思维的储备。

可以尝试以下这个简单的自助想象,训练自己去做一个可以放慢身体与思维节奏的重复动作。这个动作本身可以是各式各样的,你可以深呼吸,也可以夸张地给自己浇一盆冷水。但是关键在于预先精心地选择好这一个动作,让自己可以快速而笃定地开始做起来。选择的时候,一个原则是尽量不要借助外物,可以方便地随时随地开始,比如控制呼吸的速度肯定就比浇冷水更方便。第二个原则就是优选一个视觉上可以直观看得到的动作。比如这个"五指山"动作,把一个手掌想象成五个山峰,用另一只手的手指描绘轮廓的时候,走向指尖时吸气,走向掌心时呼气,这样画好五指山之后,刚好做了五个轮回的呼吸周期。

4. 心里想法很多,想得很累,怎么办?

在我们的思维过程中,始终都存在两个彼此独立的系统,一个是快速决策,表现为直觉判断,可以自动化、不费力地并行处理。另一个则需要较慢地使用符号语言来进行逻辑推理,表现为序列式处理,需要我们刻意控制,费劲地付出努力。

在生活中,很多时候我们都会首先基于第一套直觉系统快速地对事物形成一个印象,如果决策非常重要,我们才会调动第二套逻辑系统来检查并修正错误。比如说,当我们看到一个9块9毛9的价格,直觉上就会觉得这个东西就是几块钱,一位数的价格,直到我们刻意付出努力、稍稍思考一下才会意识到,这个价格其实和10块钱更接近而不是9块钱。

直觉系统快速形成感知的特点对我们的决策起到很关键的影响,可以说是我们后续情绪与思维的关键岔路口。想法很多，想得很累，通常都是由于我们的直觉系统在考前负面情绪干扰下，出现了过多的负面直觉。比如感觉别人都在评价甚至批评自己，我们总是本能地在直觉形成的感觉印象中把自己放在中心位置，过度放大了自己在别人心中的地位。

在临近大考的时候，应对这种想法过多的问题，不能再依赖费力的第二套逻辑系统，所以我们需要一些技巧，巧妙地善用自己的直觉思维，以积极正面的感知印象引导自己。可以尝试以下几个方法。

第一，给自己准备一些有价值且能够立刻去做的小任务，比如做2分钟的运动锻炼，这样当我们感到无事可做、缺乏动力的时候，或者在感到自我怀疑、担心的时候，都可以快速地用1~2分钟完成自己事先准备好的小任务，这样会帮助我们更多关注生活中那些由自己掌控的部分，而不是那些无法掌控的部分。而且快速完成小任务的过程也会带给我们更高的信心。

第二，利用容易放大自身地位的直觉本能，为自己准备几条自我鼓励的短小格言。在心情波动的时候，我们的头脑中通常都会出现一个很悲观、很挑剔的声音，这时如果没有预先准备好的积极声音去帮助自己抗辩，那么我们很容易被这些自我怀疑打败。控制内心负面声音的方法始终都是准备好正面的内心对话把负面的声音挤出头脑之外。

第三，多在自己的生活中寻找拥有积极生活态度的朋友，利用我们自身很容易与他人共情的本能直觉，自然而然地让朋友们的积极态度感染自己，鼓舞自己。

5. 在考前感觉很孤独，怎么办？

很多学校会采用一些封闭式的管理来迎接大考，这会给一些考生带来孤独感。同时，在整个高三复习过程中，孤独感也是很容易产生的一种体验。

孤独并不是客观上脱离社会群体而带来的。一个人独处荒凉之地、举目无亲的时候当然可能会感到孤独，但流连繁华之地、呼朋唤友之时，也仍然可能会感到孤独。

孤独感源自我们的内心，是我们从群居动物的本能出发，期待有伴侣、有家庭、有朋友、有高质量的社交关系和良好的社会地位。而一旦产生了孤独的感受之后，

我们可能会发现，孤独感就好像鞋子底下粘上一块口香糖一样，没那么容易甩掉。学会应对孤独，是一种内心力量的挖掘，让自己重新找到内心与环境平衡的自我修炼。

德国哲学家尼采说过，人生有三种境界。第一种是骆驼，被动忍耐，听从别人或命运的安排；第二种是狮子，主动喊出"我想要怎样怎样"，去安排、去追求、去控制；而第三种是婴儿，这种状态下，人们既不是单纯接受"我应该怎样"，也不会纠结"我想要怎样"，而是更深刻地认识到"我是怎样"，接受自我，享受当下。

在因为孤独而困扰的时候，其实我们都知道自己想要什么，只是生活、工作的种种外部限制让人们无法成为狮子，只能当个骆驼。而在等待成为狮子时，就慢慢习惯了当骆驼。引导自己朝着婴儿一般的精神境界变化，接受自我，可以尝试以下三种工具。

第一个工具，是回顾自己的成长，感谢那些让我们不孤独的经历。每一个现在经历的心理困扰，总是对应着我们从小到大成长的某种变化。比如我们经常会由于上大学、工作、子女成长、退休等重要的人生变化而陷入孤独。这时候，我们回顾过去，自然会想到以前不孤独的时候曾经有过哪些美好的回忆，有了对比，感到失落，这样就产生了孤独。但是我们如果想要超越孤独，就不能仅仅关注现在失去的，也要在自己丰富的记忆中，多去检视那些美好的记忆，一条一条地写下来，特别重要的是为每一个记忆中的温馨和亲密时刻而表达感谢。这种回忆不仅仅会让我们重新感受亲情或者爱情，而且会让我们意识到那些宝贵的人生片段一直都在我们内心深处没有离开。这种内化的安全感是我们对抗孤独最可靠的武器。有一些人特别能抵抗孤独，甚至会自己说我很享受孤独，这种状态其实就来源于他内心在社交关系和亲密关系上的高度的安全感。因为如果一个人总是能及时得到父母或者亲人的积极关注，那么久而久之他就会把这种安全的亲密关系内化在自己的心里，即使亲人不在身边，也总会意识到有他们在意自己。而这个回顾成长、感谢亲人的思维工具，就是在引导我们有意识地利用以往的积极记忆建立安全感，从而达到接受孤独甚至享受孤独的心境。

第二个工具，是分析自己当前的收获，在知识、技能等方面一条一条地列出孤独给自己带来的改变。每一种生活，不论多么艰难，都会让我们在头脑中形成新的认识。而这个工具就是在帮助我们有意识地总结自己的收获，庆祝自己的收获，从而在孤独中找到积极一面，改善自己的心境。比如说，独居的我，学会了拆装灯泡，多读了一本书，为了挑选迷你冰箱看了3个测评视频等。给自己做一个电子文档或者用一个本子记录这些可能很冷僻的知识与技能。这个看似无聊的举动，却实际上在引导我们的头脑从情绪陷阱之中，转移到一些非常具体的、有收获、有新意的活动。这种学习的心态，实质上就是改变心境的动力，也是可以非常广泛地应用在各种心理困扰场景中的工具。

第三个工具，是在感到孤独的时候，把自己想要的东西，想追求的目标、做一个重要性与紧迫性的分类。在心理学对智力的研究中，我们已经发现，除了语言、数学这些通俗意义上的智力以外，还有音乐、运动、社交等不同类型的智力。其中一个特别容易被忽视但又非常重要的智力叫作自我感知，就是对自己的内省和理解。不论是因为孤独还是因为其他原因陷入心理困扰，这些人生的低潮时刻，恰恰是我们加强内省的好机会。顺境下，我们很容易飘飘然，沉醉于美好的环境而忘记了自己的内心。反过来，越是在难受的时候，越是应该对自己的内心、自己的价值、自己的目标做一次盘点和清理。把自己想要的东西、想实现的目标、想改变的现状都列出来，然后放到"重要""不重要""紧迫""不紧迫"的四个格子当中。这不仅可以帮助我们在思绪烦乱的时候让内心的价值体系重新结构化，而且可以帮助我们激发采取积极行动的力量。如果我们能够借助孤独的时机，直面自己的内心，这就实质上把孤独变成了重新校正重新出发的机会，给我们带来积极的改变。

6. 感觉很烦躁，怎么办？

压力很容易让我们陷入烦躁不安。这就好像我们走在路上遭遇暴雨，急得到处躲避，却忘记了自己手中本来就有一把雨伞。

握在我们手中的这把抵御风雨的雨伞，其实就是我们每个人身上都有的基础神经系统，叫作副交感神经系统。它和交感神经系统正好是一对，好像大脑控制身体的刹车和油门一样。面对外部压力，大脑会激活交感神经系统，通过脑垂体、肾上腺等器官，给我们全身带来一场激素的化学风暴。这些神经激素会让我们心跳加快，肌肉绷紧，呼吸加速，带来负面情绪的不适感。反过来，副交感神经系统的功能就是刹车，让我们的身体变得平静。比如我们在吃了东西之后，副交感神经系统就会开始工作，让我们的四肢肌肉放松一些，心跳减慢一点，血压降低一点，引导我们

安静地消化食物。

通常，副交感神经系统无法被我们像控制手指那样随心所欲地控制，它属于自主神经系统的一部分，只能不受控制地按照我们遗传得到的本能反应，以固定的规律管理我们的心跳、呼吸、消化等至关重要的生理功能。

但是仍然有一些方法，可以让我们主动地影响副交感神经系统，训练我们自己，学会在需要的时候让这套刹车系统启动，从躁动中安静下来。

第一种启动副交感神经系统的方法，是最简单的，就是对我们的呼吸进行控制。比起心跳、胃肠蠕动等功能，呼吸相对来说是最容易被我们自己有意识地加以控制的。当我们刻意地控制腹部肌肉，以较大的幅度进行呼吸，就可以有意识地减缓呼吸的频率，加大呼吸的气体交换量。在减缓呼吸的过程中，最有效的就是刻意延长吐气的过程，比如著名的1∶2呼吸方法，就是要我们在吸气的时候数1、2、3，而在吐气的时候数1、2、3、4、5、6，保持这种吐气是吸气时长两倍的规律来做深呼吸。对呼吸的刻意控制，可以直接引导我们的身体里产生乙酰胆碱这种神经递质，激活我们的副交感神经，降低我们整个大脑和身体的紧张程度。深呼吸除了在身体层面帮助我们训练副交感神经系统以外，还会客观上给我们一个关注自己身体的短暂时段，帮助我们排除干扰，在思维层面慢下来，避免冲动，用理性来规范自己的情绪波动。如果我们能够在平时有意识地使用深呼吸的方式，训练自己的身体熟悉这种刹车的过程，就可以帮助我们撑开自己的雨伞，更好地应对风雨。

第二种方法是要借助我们身体的一种本能反应，被称为潜水反射。当我们潜水的时候，整个面孔没入水中，这时我们的身体会本能地通过副交感神经系统降低心率、减缓呼吸，降低整个身体的氧气消耗，以便我们能够在水中坚持更长时间、维持自己的生命。而研究表明，激活潜水反射的关键信号，并不需要我们整个身体都没入水中，也不需要我们真的像潜水一样屏住呼吸。其实，只要我们的面孔皮肤，特别是面颊、鼻子和额头这几个位置，接受到湿和冷的刺激，就已经会让我们激活副交感神经，给我们带来平静与放松。很多人在需要冷静的时候会选择用冷水洗洗脸，这样做背后的生理机制其实就是激活了潜水反射。所以，科学帮助我们精准地找到启动刹车系统所需要的关键开关，而我们就可以更加简便地运用这种方法增强自己应对压力的能力。

第三种方法是尝试通过按摩的方式来激活副交感神经系统。有一系列的研究表

明，中等力度的按摩带来了手指与皮肤的触感，可以帮助我们放松，而如果我们在按摩的时候特别针对副交感神经系统相对接近表皮的一些位置，就可以带来更好的放松效果。比如副交感神经系统当中有一对很长的神经线，叫作迷走神经，会从大脑伸展出来，经过脖子联通各处内脏。而迷走神经的一条延伸末端会一直联通到耳朵的上半部分，这大概是最接近表皮的位置了。因此，有专门针对耳朵上半部分进行电刺激来治疗头痛的医疗设备。同时也有研究曾经针对脖子位置进行按摩来激活副交感神经系统。当然在实际生活中，我们的自我按摩没有医生那么专业，就需要坚持一段时间，养成习惯，配合呼吸等调节方法才能看到效果，不可能按两三下就奇迹般地平静下来。

最后的第四种方法不能完全依靠我们自己。当我们的眼睛看到另一个人的面孔，听到另一个人的说话声音，我们会本能地按照社交的需要激活副交感神经系统，让自己心平气和地与别人交流。社交就像饭后消化一样，需要我们保持平静。因此我们也可以利用这个原理，在遭遇压力的时候，找到一个让我们感到安全的人，面对面地和他聊几句，哪怕不能聊那些带来烦恼压力的事情，也可以通过对话中的视听觉刺激，帮助自己学会放松。

高考结束后——升华期

高考一结束，考生和家长都会感到长舒一口气，特别是在知道分数之前。但是根据笔者的咨询经验，对于很多有思考能力的考生来说，高考结束之后面对的大学选择、专业选择以及为大学做准备，这些事情一点也不比高考简单。高中结束后的暑假，对于很多学生来说，是第一次在没有学校管束的压力下，表现自己真实的生活态度与学习风格的机会。一个学生如何度过高考后的暑假时光，对于他未来的发展产生的影响其实是非常深远的。

作为家长，在高考结束后当然可以和孩子一起放松。但是笔者还是建议大家思考以下两个问题，毕竟机会只青睐有准备的人。

1. 如何引导考生思考生涯规划？
2. 在考生开始独立的大学生活之前，家长应该与其谈谈哪些重要话题？

典型案例6

张三同学（化名）高考前参加考前心态调节与指导的讲座，专门来提问，留了微信联系方式。在高考后很有心，专门发微信来表示感谢，说自己发挥得很好，成绩理想，进入了"C9名校"。这当然是值得每个人开心的好事。然而，过了几个月，开学报到、军训后，大一课程正式开始，就看到他在微信朋友圈的情绪基调有所变化，对课程内容的负面评价很多，看起来对专业不是很满意。果然，到了寒假的时候，他在微信上提出希望得到帮助，他的困扰就是感觉自己选错了专业，在很多专业基础课上感觉完全进入不了角色，而且感到非常困惑，自己在高中时擅长的数学和物理，到了大学好像完全变了样、走了形。大学的课程名字和中学一样，但是内容以及教学要求大相径庭，完全出乎他的意料，给了他很大压力。

像这样在高考后进入大学还回来寻求咨询师帮助的个案，每年都有很多。有些是专业选择的问题，有些是不适应课程压力的问题，有些是与宿舍同学相处的问题，有些是与异性恋爱关系的问题，还有些是身体适应新城市环境等方面的问题，各式各样。

这些主动寻求咨询师帮助的学生，其实并不是由于他们自己能力不足或者内心有问题，或遭遇了多么严重的困扰，非要心理咨询师的帮助才能解决。他们反而往往是思维能力很强，有敏锐的洞察力，能够在别人还美滋滋、傻乎乎体验大学新生活的时候，就发现潜在的风险问题，他们能够意识到，大学明显和熟悉的高中生活不一样，有太多新的、需要学习的领域，而且也不再有标准化的考试可以让每个人按部就班地努力就好。正是他们在主动思考，才会发现问题，提出问题，想要寻求更深层、更根本的答案，这才是这些资优生们主动寻求咨询师帮助的主要驱动力。

在高考前指导咨询更关注短期目标，而到了高考后，不论咨询的诱因是学业压力还是专业选择，其实咨询都需要着眼于长远目标。大学和中学最核心的区别就是

高考结束后——升华期

不再有标准答案，每个人都需要学会自己选择自己想参加的考试，给出自己满意的答案。应对课业压力，需要自己选择学习方法，提高思维效率；想要更好的专业，需要自己判断并确定专业好坏的标准，收集真实可靠的信息，做出自己能负责的决定。在这个过程中，咨询师更多扮演鼓励者和框架引导者的角色。

比如为张三同学解决课业压力问题的时候，咨询的核心框架就是重新梳理听课、读书、笔记这三个最基本的学习方法，反思每个细分步骤的目标和效率，根据想要达成的学习结果，制订学习规划，重塑多年来习以为常的学习习惯。

再比如讨论专业选择的时候，咨询师从来都无法简单地给出哪个是"黄金"好专业，哪个是次一等的"白银"专业。世事难料，这个世界唯一不变的就是永恒的变化。咨询的核心框架是依托智力，产生智慧，智慧并不仅仅是会做题、会考试，更重要的是寻找到自己的价值，确定自己与他人互动、创造共赢机会的定位，形象点说，专业选择本质上就是一个把自己当做产品，把社会当做用户，把专业技能当做交互界面的研发打磨过程。

学习方法、生涯发展以及社会交往，这三个领域都是高考并没有直接涵盖的主题，也是很多学生的盲区。在高考后的时间，家长还是应该针对这些主题和孩子深入地聊一聊，开拓一下视野。不论高考成绩是一个"功劳簿"还是一个"耻辱柱"，我们都不能纠结于过去，而是要着眼于未来。在各种值得讨论的问题中，生涯规划是最为突出、最容易获得孩子共鸣的主题。考大学应该成为自我成长、自我发现的一段旅途，所以在下文中将首先专门讨论这个关键问题——如何引导考生思考生涯规划？其他的深层思考问题，都总结在第二个关键问题中与各位家长讨论——在考生开始独立的大学生活之前，家长应该与其谈谈哪些重要话题？

写给高三家长的考前心理指导

关键问题 11

如何引导考生思考生涯规划？

在毕业年级辛苦的备考过程中，每个人都不断被持续的疲劳与巨大的压力所拖累，不断消耗自己坚持付出努力的内在动力。在这种客观存在的困难挑战情境中，那些对自己未来生涯规划有清晰认识的考生往往能够拥有更强的坚韧抵抗力，因为他们始终都拥有一个超越了考试的长期奋斗目标。然而，大部分学生由于生活中视野狭窄，过度聚焦于眼前短期的考试挑战，往往对于自己未来想要什么、需要什么都非常模糊，更无法找到一个自己愿意为之付出努力的清晰目标。头脑之中的这种迷雾很容易导致考生失去方向感，对自己当前的生活产生怀疑和无意义感，失去动力。

家长面对孩子的生涯规划引导问题，一个最致命的错误就是"家长完全放手，让孩子自己选择"。这种应对，看起来又简单又好听，孩子18岁了，未来他自己的路，让他自己考虑吧，我都支持。这种做法实质上就好像一个将军对一个手无寸铁而且蒙着双眼的士兵说，你的训练已经结束了，现在你上战场去把敌人的堡垒打下来吧，随便你怎么打，我都支持。我们的学校体系普遍引导学生一心一意提高考试分数，因而在管理上相当封闭而脱离社会，学生在中小学阶段对于大学情况、专业特点、产业发展和社会经济趋势都普遍缺乏了解。这种情况下，家长如果再完全放手的话，孩子恐怕必然会在缺乏基本信息支撑的情况下浪费时间精力去试错。

任何生涯规划都必须有充分的信息作为支撑，因此搜集信息是家长引导孩子思考未来方向的第一步。而搜集信息这个看似简单的过程，也很容易出现很多严重的错误偏差。第一种偏差就是仅凭对大学、专业的名字就想当然做直觉判断，完全没有任何基本的搜索查证。每年为中山大学做招生咨询的时候，不论是去上海这样的发达城市还是去偏远一点的省份，经常会碰到有人来问："你们大学在中山，那地方有车到广州吗？"这种问题实在没办法解释，只能说请您稍微花点时间，上网查一下。类似的情况还有把经济学等同于算账赚钱，把心理学等同于算命骗钱之类的。如果家长自己都在基础问题上如此懒惰，那么孩子恐怕也必然会走一些弯路。第二种搜集信息的偏差就是过度依赖以往经验，以惯性做判断，缺乏对未来变化的准备。常见的例子就是按照自己中学时代的优势来选择专业，我中学物理学得不错，那就选物理吧。我就喜欢英语，那就选英语系吧。这种惯性的判断与事实差别很大。稍微查一下大学教材的名字就会意识到，大学阶段的数学、物理、化学、生物、历史、地理、政治和中学阶段的学习不是一个层级，内容和基本思路都不一样，怎么能仅根据过去表象的优势做出选择呢。

评估小工具

家长可以在沟通中向自己和孩子提出以下几个问题，识别在生涯规划的信息搜集阶段的常见误区。

专业信息搜集表

我对大学、专业与职业的了解除了其名字还有什么更多信息支撑？
我想选择的学校或专业方向，我真的认识一个人在这个学校或从事这个专业吗？
我有没有可能看到这个人一天真实的学习或工作状态？
我有没有可能自己尝试一下，真的去体验或者至少是观察一下这个专业对应的工作？
我有没有对这个专业方向做一些数据搜集、了解它的发展历史和近年趋势？

在进行了基本的信息搜集之后，家长需要做的是以生涯规划为主题，安排一次家庭会议，开诚布公地与孩子共同探讨未来的方向，树立奋斗的目标。在这第一次家庭会议上，目标不是说服孩子选定某个专业或职业，而是要评估孩子对生涯规划的重视程度，说服孩子保持长远的目光，不要在专注抢分的时候忘记将来长远的发展。

在这个家庭会议中，家长应该首先做好准备，区分5个关键词的实质含义：大

写给高三家长的考前心理指导

学本科的专业、未来的工作、希望选择的职业、看好的行业以及准备追求的事业。大学本科的专业其实只是学校对课程的一个组织方式，就算写到简历上，大部分单位也未必会仔细看。如果把大学专业当成自己一辈子要走的道路，把自己限制死，这样有局限性的思维自然会导致我们患得患失，难以拥有宽广的视野，认为工作的核心就是靠做什么事情来获得报酬。大部分人离开大学三到五年后，从事的工作不一定和自己的本科专业有多大关联。职业的概念比工作更加有深度，是一个纵向发展的路线，涉及自身发展的不同层级问题，比如我现在这个工作，如何进一步优化提升？提升之后下一个工作是什么，对应岗位又是什么？行业的概念比职业或工作都更加宽广而立体化，比如传媒行业可能对应了动画制作、录音、广告营销等多条职业路线，汽车行业可能上下游涉及几百个技术领域。最后，事业二字的关键在于自己为之付出牺牲的意愿，没有足够强的动机，事业二字无从谈起。

在区分了专业、工作、职业、行业和事业的基础上，家庭会议的一个重要功能在于帮助孩子了解家庭的实际情况，避免因为隐瞒了家庭重要信息而出现生涯规划上的误判。比如，有个学生看过自己父亲的工资单，觉得那上面一长串0实在太厉害了，于是在他眼中，20万一年学费的中外合办大学只是小意思，很便宜。问题是，他不知道自己父亲即将不得不独立创业，而且家里还供着几套房子。又比如另一个反向的案例，那个学生高考前非常焦虑，因为他觉得自己父母没有稳定工作，他怕自己考到三本学校交不起学费。但是后来引导他跟父母沟通才知道，原来家里早就为他的学费做了专门的储蓄，这才让那个学生安心备考。

很多家长总以为要让孩子"专心"学习，于是就把孩子排除在家庭经济决策之外。但其实家庭里面很多时候没有说出来的话，会通过情绪来传递，孩子不知道确切的、真实的信息，但还是会隐约感觉到，而这种不透明的模糊感其实更容易让人陷入焦虑之中。

 **指导小工具**

生涯发展关键价值观

这个工具将一系列重要的生涯发展关键价值观列表如下。虽然这些价值观并不是绝对的唯一的标准，但是如果在这10条原则上偏离过多，则可能会为未来的生涯发展带来潜在的风险。在家庭会议上，家长可以参考以下表格列出的生涯发展相关的重要价值观与孩子进行平等的沟通，了解孩子的想法，通过讨论及时加以引导，可以通过自身的经历向孩子说明这些关键价值原则的意义，争取孩子的认同。

动机、能力和努力是获得成功的必要基础
从错误中学习
遵循自己的价值观和梦想
每一天都要获得一点提高
为自己经历的成功与失败承担责任
三人行必有我师
在经过深思熟虑后采取必要防护并承担风险
领导好自己才能领导好一个团队
勇于表达，在有根据的前提下坚守自己的立场
时时为顺境和逆境做好准备

在安排了有关生涯规划重要性的家庭会议之后，家长可以安排孩子花费一个半天的时间，对内对外做一些探索。对内的部分是通过一些问卷工具来了解自己的兴趣、性格与技能特征；对外的部分则是通过和一些人做面谈访问来了解一些专业与工作的情况。

自我评估可以选择"霍兰德职业兴趣测试"，帮助我们识别自己感兴趣的方向。结果包含6个不同的方向。

● 现实型：现实型的人会喜欢那些需要实际动手操作、使用工具的工作，他们喜欢户外的环境，做事手脚灵活，动作协调。典型工作与职业包括使用机械的类型，与动植物相关的类型。

● 社会型：喜欢与人交朋友，善于言谈，愿意教导别人，适合需要涉及较多沟通交流的工作，如教育类型、媒体类型等。

- 企业型：喜欢竞争与挑战，有野心，喜欢风险，看重权力、权威、物质财富等价值。适合那些需要管理、监督等任务的工作，包括管理类型、法律类型、销售类型等。
- 常规型：喜欢按计划照章办事，细心有条理，可以接受他人的指挥和领导，通常较为谨慎和保守。适合那些需要注意细节的工作，比如行政类型、文书类型等。
- 研究型：喜欢满足好奇心，偏好思考、观察、辨别、归纳等。适合需要抽象分析、逻辑推理以及创新的工作，包括科研类型、医疗类型等。
- 艺术型：喜欢与众不同的个性化表达，有一定的艺术才能与理想，适合要求艺术审美修养的工作，包括音乐类型、文学类型等。

评估小工具

基于"霍兰德职业兴趣测试"的简化版兴趣分析自评表

对每一个描述，根据自己的情况给出"是"或者"否"的选择，然后数一数每个类型中有多少个"是"的答案，分数越高则越符合这一方向的兴趣特征。

现实型	社会型
我喜欢亲自动手制作一些东西	我喜欢参加各种聚会
我喜欢跟各种机械打交道	对于社会问题，我总是会有鲜明的立场
我喜欢独自计划工作不受别人干涉	一群人在一起时，我喜欢成为焦点
我看重工作带来的技术能力提升	我看重工作带来的社会关系
我在意工作带来的专业认证	我在意工作带来的名声
我喜欢有独立空间的工作环境	我喜欢开放混合的工作环境
企业型	**常规型**
与人打赌的比赛或游戏会更令我兴奋	我喜欢按部就班地完成要做的工作
我喜欢主动向别人提出自己的建议	我认为能经常请示上级会比较好
我讨厌工资低但却很稳定的工作	我喜欢在做事前仔细地规划安排
我看重工作带来的金钱回报	我看重工作中安全的环境
我在意工作带来的权力感	我在意工作与家庭的平衡
我在意工作职位的描述	我在意工作地点是否交通便捷

高考结束后——升华期

续上表

研究型	艺术型
我的理想是当一名科学家	我很爱幻想
我喜欢需要运用智力的游戏	我有艺术方面的天赋
我喜欢在工作思考时独自一人、排除干扰	我很容易在读书看电影的时候感同身受
我看重工作带来的挑战	我看重工作给内心带来的美的体验
我在意工作中能否做出创新贡献	我在意工作中获得多种多样的体验
我喜欢需要创新与创意的工作	我喜欢有一定完美主义要求的工作

家长使用这个简化改编版或者标准版评估时,需要注意提醒孩子正确理解这些测评的结果。世界上并不存在一个绝对完美的、适合每一个人的心理测试。这些测试的目标都只是提供一些思考的辅助,帮助我们更好地梳理思路。在这些测试中得到的答案并不存在对或者错的分别,没有完美的答案,也不需要强行要求自己符合什么样的类型。这些测试始终都是在引导我们更深层地探索自己的内心。如果可能的话,不妨尝试多种不同的测试,从不同侧面来更多了解自己。因为我们实际的潜能永远是大于测试所能涵盖的范围,如果使用了多种测试,至少可以给自己多一些自我对话的机会。但是我们始终都要意识到,再多的测试也不能够替代我们自己的思考,如果只是被动地、不假思索地做选择题,那么这样的测试结果恐怕不仅无法帮助我们了解自己,还有可能掩盖一些问题。

除了对内探索以外,对外探索也非常重要。整个社会经济形势的变化速度都在加快,因此,了解外部世界的要求,及时作出适应性调整就成为生存的必要技能。寻找一些自己感兴趣的职业方向的人进行面谈访问,本身既能够帮助我们获得一些信息,还能帮助我们建立沟通渠道,丰富自己的人脉资源。

 指导小工具

面谈访问行动指导规划

1. 根据自己的思考与评估确定感兴趣的职业或方向
2. 从身边认识的人(亲戚朋友等)开始寻找,拜托他们帮忙介绍

续上表

3. 了解自己感兴趣的职业方向有什么行业组织、会议、论坛，寻找参与的机会
4. 利用社交媒体寻找结识自己感兴趣的人
5. 找到合适人选后，仔细计划该选择何种方式尝试表达认识对方的意愿
6. 在最初的信件、电话或消息中，确保清晰简洁地说明自己是谁，为什么联络对方
7. 在获得对方沟通许可后，仔细搜集相关信息，了解对方的背景
8. 参考以下的问题列表，设计好自己在面谈访问中的问题提纲 您的工作职位和工作任务角色是什么？ 您为什么选择这个工作或这个专业？ 您需要接受什么样的训练才能做这个工作？ 在您的工作领域需要哪些技能或经验？ 您的教育背景是什么情况？ 您觉得您的教育背景在为这个工作进行准备时有什么优势或者不足？ 在这个领域常见的职业发展路径是什么样的？ 这个工作领域近年来的发展趋势有什么特征？ 在您的工作中有哪些最艰难的挑战？ 您通常如何安排一天的工作？有哪些具体的任务需要完成？ 在您的组织中，您的工作或职位大概处于什么位置？有什么关联的工作？ 您最喜欢这份工作的哪一点？ 您最不喜欢这份工作的哪一点？ 在您的工作相关领域有哪些专业组织值得关注？ 如果我将来想要从事类似于您的工作，您建议我首先要做什么准备？ 您能否推荐一些人让我向他们请教、了解呢？
9. 结束面谈访问时，主动询问对方有什么建议或推荐，争取获得另一个人的联络方式
10. 面谈访问结束后，务必用邮件或手机短信等方式表达感激
11. 在后续适时与对方保持联系，向对方说明自己的进展、变化和生涯决定，感谢对方

关键问题 12

在考生开始独立的大学生活之前，家长应该与其谈哪些重要话题？

高考结束，意味着考生即将开始真正意义上的独立学习与生活了。大学的环境比中学复杂很多，大学生身上承担的责任也远大于尚未成年的中学生。家长能够为考生做的准备不光是衣食住行，更重要的还是要在心灵上为考生做好准备。

通常家长和孩子之间会因为青春期的到来而沟通减少。在中高考的阴影之下，有限的沟通更多会聚焦在学业这个狭窄的领域。同时孩子也会出于独立和自尊的要求，开始变得不愿意听取父母的说教，甚至刻意地反叛。

如果家长还希望和孩子就一些重要的影响人生的话题顺畅沟通的话，双方都需要重新掌握亲子之间一种更加平等的对话方式。这不仅有助于在高考后的暑假帮助考生做好崭新人生的准备，也有利于帮助未来的大学生学会一个重要的自我保护方法。与在意自己、关爱自己的人平和地聊天，这是一个成年人保持健康、理智、坚韧的最佳良药。

更加平等的亲子对话方式应该包括以下几个步骤：
- 彼此保持平和与尊重，表达彼此的关切与爱意
- 共情，换位思考，理解对方的视角
- 主动提问，澄清交换的信息
- 响应对方的表达
- 提供真诚的反馈，适度总结

在开展对话的过程中，有几个需要家长留意的重要事项：
- 不要期待控制自己的孩子，对方已经相当于成年人了

写给高三家长的考前心理指导

- 保持微笑，或尽力避免皱眉头
- 难得糊涂，保持开放心态，避免成见，准备好接纳不一样的新鲜观点
- 不必强求对方和自己聊，适度表示忙碌反而可能引发对方更高的交流兴趣
- 预约好时间，安排好舒适的场地，不要用突然袭击式的对话讨论重要话题
- 预留好充分的时间，保持耐心
- 征求孩子的意见，必要时可以选择书面或远程的方式交流
- 对于某些话题，可以委托合适的、可信赖的人去交流
- 不要急于直奔主题，先让彼此的情绪都放松下来
- 不要用含混不清的话语试图轻描淡写地掩盖某些敏感话题
- 避免用绝对化的词语，避免用夸张修辞
- 避免用威胁恐吓，但也不要放弃设定边界

做好上述准备之后，在高考后的暑假，建议家长和考生深入交谈的主题包括以下5个：关于友谊，关于公平，关于努力，关于金钱，关于两性。

关于友谊

大学不仅拓展了学科视野，也大大增加了社交空间。大学里的同学关系、宿舍关系、社团关系，复杂程度远大于高中时代。然而建立友谊是否意味着一味地融入和讨好？如何平衡学业与社交？如果友谊没有理想中那么完美怎么办？如何面对与热闹亲密一体两面的孤独感和疏离感？这些问题就是家长应该和考生谈谈友谊的理由。

成为一个独立的成年人，必然意味着社交重心从原来的家庭亲子关系向独立的友谊关系的转变。这会带来新的压力和新的困难。文艺作品中对友谊的描述通常是带有浪漫色彩的，掩饰了实际生活中友谊关系里的各种冲突和不如意，也忽视了友谊的动态变化特征。这就是考生将来需要克服的关键误区。

 **指导小工具**

尝试与孩子谈谈友谊的对话引子备选库

我们要不要邀请某某一起聚一聚？
我不知道你还喜不喜欢和某某一起聚聚，如果你不反对的话，我们约约看？

续上表

你希望交到什么样的朋友？
如果你的朋友天天找你，你都烦了，那时你打算怎么对他说？
你觉得朋友之间要不要说"谢谢"？如果每次都说呢？
你觉得可以怎样向朋友表达不同意见？
如果有朋友原来和你很亲近，最近开始总是躲着你，你觉得可以怎么办？
作为基本待人礼仪的尊重底线与依靠行为赢得的尊重有什么区别？
你觉得会有那种完美的朋友吗？
如果你发现自己的朋友隐藏了一些你不喜欢的特点，你怎么想？
如果你周围的朋友和你的想法都一样，你会觉得这是高质量的友谊吗？
你要对每个人都很友善吗？
我注意到你喜欢和那些外向/内向/有好奇心/有礼貌的朋友在一起，是吗？

关于公平

　　成年的特征之一就是开始承担责任义务，同时开始要求权利和收益。在这些权衡中，公平的概念处于相当核心的地位。生活应该是公平的吗？如何知道自己是否被不公平地对待呢？如果看到了不公平的现象，我该怎么做？这些问题就是家长应该和考生谈谈公平的理由。

　　缺乏社会经验的校园生活，很容易让孩子随时把"不公平"挂在嘴边。研究表明青少年对公平的理解是随着他们的大脑发育而有所变化的，最开始的公平对应着两边相等，而随后会变得更加灵活，开始考虑意图和情绪等因素。其实这就是开始区分公平和公平感的尝试。此外，青少年关注的公平会从关注"对我是否公平"逐渐扩展到关注"对他人是否公平"。同时公平也会因区分结果公平、起点公平、程序公平等更加抽象的概念而变得复杂化。

写给高三家长的考前心理指导

指导小工具

尝试与孩子谈谈公平的对话引子备选库

我们聊天的时候要不要规定一下发言的次序和时间？
我注意到你好像感觉这样做很不公平，能跟我讲讲吗？
你觉得两个人一定要得到一样的结果才叫公平吗？
我觉得我们的目标是一致的，能多给我讲讲你觉得这个现象不公平的理由吗？
面对不公平的方案，我们是不是绝对不能妥协呢？
看到不公平的事，我们的责任是什么？局限在哪里？

关于努力

整个高三最值得纪念的收获就是努力，但努力的经历只有通过思考的升华才有可能转化为未来努力的经验。运动员付出努力却没有完成比赛，该不该也拿一块金牌？科学家付出努力却证明最初的猜想是错误的，这是不是白费功夫？谁来定义何种努力才是值得的？这些问题就是家长应该和考生谈谈"努力"的理由。

努力是主观而且高度个人化的体验。如何理解努力，不仅影响未来的学习，也是工作态度、价值观的重要组成部分。对努力的理解也可能会给人们背上不必要的情绪包袱，带来工作倦怠、心力耗竭等问题。

指导小工具

尝试与孩子谈谈努力的对话引子备选库

科学研究的努力与奥运会竞技的努力有什么区别？
你觉得身体上的辛苦和头脑上的辛苦哪个更有价值？
你怎么知道努力是值得的？

续上表

投入与产出的费效比,与努力的价值有关系吗?
一个人付出努力更多是不是意味着这个人缺乏天赋和运气?
你觉得自己到目前为止最值得骄傲的成就是什么?
你觉得自己到目前为止曾经付出过的最大的努力是为了哪件事?
只要你付出的努力足够多,你就一定能够做成任何事吗?
你觉得在工作和家庭之间该如何取得平衡?

关于金钱

上了大学的孩子就像已经发射的卫星,传来的信号往往都是"该打钱了!"要不要限制每个月的花销?要不要追求名牌?要不要关注存钱和理财?这些问题就是家长应该和考生谈谈金钱的理由。

高中的生活是被高考压榨到仿佛监狱一般的非正常状态,而大学生活呈现出了全新的花花世界,丰富的消费可能以及潜在的、巨大的金融风险。金钱不仅仅代表了金融风险决策,也影响了一个人的基本价值和道德判断。家长可以把对金钱的讨论作为一个起点,考虑让孩子开始逐步了解家庭的整体情况,参与家庭的重要决策。

 **指导小工具**

尝试与孩子谈谈金钱的对话引子备选库

你觉得跟金钱有关的话题除了存钱与花钱之外还有什么可谈的吗?
能跟我讲讲你为什么喜欢这个牌子吗?
也许我们可以聊一聊不同家庭面对的不同经济情况
也许我们可以写一写应该对什么事、什么人表示感激
你觉得我们需不需要一个购物的冷静期?

续上表

你觉得我们要不要了解一下你要去的城市的消费水平？估计一下开销
如果一个人拿着助学金，他还想攒钱买一双名牌鞋，你会支持他吗？
如果要你为了买房子放弃假期、好衣服、好吃的坚持20年，你觉得能接受吗？
你觉得有些人特别喜欢买昂贵的东西是出于什么原因？
有人说不会花钱就不会挣钱，你觉得呢？
你觉得什么样的钱花出去算是浪费呢？
你觉得花钱做广告、做营销包装，值得吗？
你觉得一个人的收入情况算不算隐私？

关于两性

从高中到大学，家长会迅速把对爱情的态度从禁忌转变为期待。现实中，随着移动互联网的普及，中学生群体缺乏的不是性教育，而是两性关系教育。初中的生理卫生课永远也无法回答约会和恋爱有什么区别，恋爱和婚姻是什么关系，自我保护是不是意味着爱得不够投入。这些问题就是家长应该和考生谈谈两性话题的理由。

近年来，大学生群体中与恋爱有关的冲突事件屡见不鲜，同时也有新出现的物化女性、骚扰、药物、性偏好等冲击力强的话题出现。大部分家长都不会觉得两性的话题可以轻松交流，甚至可能有家长觉得应该完全回避做这种主题的讨论。每个家庭当然可以做出自己的选择，要不要谈，值不值得谈，这都是家长和孩子的主观评价，理应自由选择。但是基本的客观事实是，人们的生活需求天然包括了两性主题。两性主题关联的爱情、婚姻等选择，会直接影响人们的幸福感以及身体、心理的实际健康水平。这绝对不是了解基本生理解剖结构与功能就够了，还包括安全、沟通、合理地追求快乐，在获得同意的前提下提出邀约，处理拒绝带来的情绪冲击等。家长在尝试与考生进行沟通之前，应该先仔细梳理清楚自己的思路，必要时请咨询医生，不要带着偏激和片面的态度以及不科学的"偏方"开始与孩子的对话。

 指导小工具

尝试与孩子谈谈两性的对话引子备选库

我想把你当做成年人，谈谈这个话题，给你一些提醒和经验
我想把你当做成年人，谈谈这个话题，虽然我也没完全想好，但是我愿意开诚布公地和你讨论，听听你的想法，希望一起整理一些提醒和经验
我想把你当做成年人，谈谈这个话题，目的是保护你的安全
如果有人给你分享这个主题的影片链接，你准备怎么反应？我保证我们不需要长谈，只是作为家长的责任想给你提个醒。影片不等于真实，两情相悦要以安全和健康为前提，也许开始时看到会感觉新奇甚至满足，但是请别因为习惯吃垃圾食品最后无法享受正餐
你觉得自己对约会对象的要求或期待是什么？
你觉得有好感的聊天和两人单独外出约会有什么差别吗？
你想不想聊聊如果突然被人邀请外出约会的时候，该怎么准备保护自己？
你觉得见面就心怦怦地跳算不算一见钟情？如果两周后感觉变了那算什么？
你觉得如果口头没有拒绝就等于同意了吗？
你想聊聊不同类型的酒对人有什么影响吗？
你觉得评价一个人的外貌身材是赞赏还是不尊重？
你对如何保护自己的身体健康有多少了解？
关于这个主题，如果你现在觉得不想谈，我们能不能约定一个你觉得方便开口的暗号？将来你觉得想谈的时候，给我发这个暗号，我就保证收起评论，多听少说，给你送一双耳朵，让你不用憋着，你看好不好？
你想不想一起了解一下进化心理学对男性和女性的研究？
你觉得什么情况才叫"社死"？
如果有人无中生有，在传你和某某的绯闻流言，你准备怎么处理？

续上表

如果有人公开宣称要追求你,但是你却不喜欢这个人,你准备怎么处理?
你怎么理解"知人知面不知心"和"防人之心不可无"?
两个人约会,其中一个隐瞒了自己的家庭背景和健康状况,这叫撒谎吗?
不管发生了什么,我们是你的父母,我们永远都爱你,我们也永远都会接纳你,还会做你的后盾。所以,碰到任何事,只要你愿意说,我们都愿意听